포스트 코로나 시대의
10대를 위한 진로 이야기

내 미래의 직업은?

포스트 코로나 시대의
10대를 위한 진로 이야기

내 미래의 직업은?

유정숙
이민환
이승훈
이지현
이 호
정지선
지음

상상아카데미

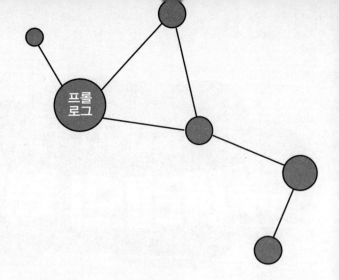

포스트 코로나 시대의 진로 이야기

꿈 많은 초등학생부터 입시를 앞둔 청소년, 취업을 앞둔 취준
생들까지 누구나 진로를 고민한다. 표준국어대사전에 따르면 진
로는 '앞으로 나아갈 길'이라고 정의되어 있다. 내가 앞으로 살아
가야 할 삶의 방향을 설정하고, 나아가는 과정을 뜻한다.

우리 앞에는 미래로 향하는 수많은 길이 놓여 있다. 어떤 길을
선택하고 어떻게 나아갈지 그 방법을 찾아가는 모든 과정 하나하
나가 바로 진로 탐색이다. 진로 탐색은 난 언제 행복한가, 난 무엇
을 잘할 수 있는가 등 나에 대해 알아가는 것에서부터 시작한다.

한편 직업은 '생계를 유지하기 위해 자신의 적성과 능력에 따
라 일정한 기간 동안 계속하여 종사하는 일'을 뜻한다. 안타깝게
도 진로를 고민하는 많은 청소년들이 '직업'을 찾는 것에서부터

진로 탐색을 시작하려는 경향이 있다. 진로 특강에서 만나는 학생들이 '평범한 회사원이요', '전 되고 싶은 것이 없어요', '뭐가 되어야 할지 모르겠어요' 등의 서글픈 이야기를 하는 경우가 많다. 진로와 직업을 동일시하여 생각하기 때문에 나타나는 결과이다. 어릴 때부터 주변 어른들의 기대나 내가 생각했던 직업군과 내 적성과 능력 사이에 차이를 느낄수록 진로에 대한 막연한 두려움이 커지고, 결국은 '생계의 수단'으로써의 직업만 고려하게 되는 결과를 낳게 되는 것이다.

우리들이 사는 이 세상은 너무나 빠르게 변화하고 있다. 이 책을 쓰기 시작한 지난해까지만 해도 전 세계가 4차 산업혁명이라는 흐름에 따라 시대의 변화와 미래에 대한 전략이 마구 쏟아져 나오던 시기였다. 그러나 불과 몇 달 전 코로나 바이러스 감염증(COVID-19)의 WHO 팬데믹 선언(전염병의 전세계적 대유행) 이후, '포스트 코로나'라는 새로운 시대가 열리게 되었다. 어쩌다 갑자기 온라인 개학을 맞이한 교육의 변화처럼 세계의 정치, 경제, 사회문화 등 모든 면에서 누구도 예측하지 못한 급진적 변화를 겪고 있다. 이런 세상에서 부모님 세대에서 정의되었던 수많은 직업들의 기준이 우리 청소년들에게도 적용될까?

'평생직장'이라는 말은 이미 사라진 지 오래다. 아마 30년 근속, 20년 근속이라는 말은 우리 친구들 시대에는 사전에서나 찾아

볼 수 있는 단어가 될 것이다. 빠르게 변화하는 세상만큼 직업의 세계도 크게 변화하고 있다. 그리고 그 변화는 인공지능(AI) 같은 최신기술이 우리 삶 속에 깊숙이 들어오면서 가속화되고 있다.

이제 특정 '직업'을 염두에 둔 진로 탐색이 미래를 살아갈 친구들에게 적절하지 않은 것만은 분명하다. 또한 직업의 수명도 영원하지는 않을 것이다. 직업의 이름은 유지될지라도 그 형태와 역할은 계속 변할 것이고, 그 가운데 사라지는 직업도, 새로 생겨나는 직업도 무수히 많아질 것이다.

미래를 위한 미래 직업 핵심 키워드

이 책은 친구들보다 조금 먼저 진로를 고민하여 조금 먼저 그 길을 나아가고 있는 젊은 과학자들이 전하는 생생한 진로 이야기다.

우리 친구들에게 더 구체적이고, 더 도움이 되는 진로 메시지를 전하기 위해 수많은 논의와 고민을 거쳐 미래 직업에 대한 6가지 키워드(탐험, 콘텐츠, 놀이, 융합, 스토리, 의미)를 선정하여 각각의 키워드에 따른 저자들의 경험과 생각을 담아내었다. 그리고 저자들이 진로에 대해 고민하며 겪었던 꿈을 찾아가는 중요한 선택의 가치들을 우리 친구들과 공유하고자 노력하였다. 젊은 과학자들의 이야기가 미래를 고민하는 우리 청소년들에게 멘토링 같은 역할을 해줄 수 있기를 기대한다.

　데이비드 핀처 감독의 영화 〈벤자민 버튼의 시간은 거꾸로 흐른다〉에서 벤자민은 만날 수 없는 딸에게 가장 남기고 싶은 이야기를 이렇게 엽서에 담았다.

　"가치 있는 것을 하는 데 있어서 늦었다는 건 없다.
하고 싶은 것을 시작하는 데 시간의 제약은 없다."

　저마다의 가치와 꿈을 찾아 고민하고 있는 우리 친구들은 모두 소중하고 훌륭한 존재들이다. 그리고 이러한 고민들은 미래에 여러분들의 진로를 한층 더 밝게 비춰줄 것이다.

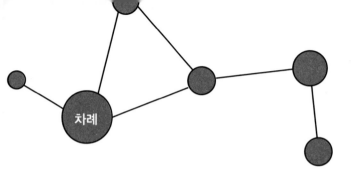

차례

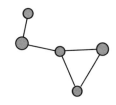

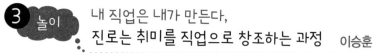

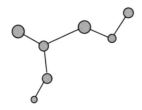

4 융합   쓸모없는 경험은 없다,
진로는 내 꿈과 경험을 하나로 융합하는 것 이지현

5 스토리   내가 주인공인 이야기,
진로는 나만의 스토리를 만들어 가는 과정 이호

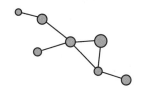

6 의미 내가 나아갈 길,
진로는 나에게 의미를 부여하는 것   정지선

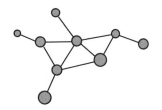

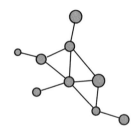

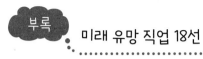

부록

미래 유망 직업 18선

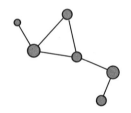

모든 꿈은 이어져 있다, 진로는 나의 꿈을 찾아 떠나는 탐험

1

:

미래는 계속 바뀌는데
꿈은 하나?

"너는 꿈이 뭐니?"

초등학교에 들어가기 전부터 자주 듣던 질문이다. 어릴 때는 "나는 커서 ○○가 되어 싶어요."하며 자신 있게 대답하곤 하였다. 그런데 어느 순간부터 누가 꿈이나 장래희망을 물어보면 망설이게 되고 대답을 회피하게 되었다.

아마도 대학 입시를 앞둔 고등학생 때였던 것 같다. 내가 무엇을 잘하고, 진짜 내가 하고 싶은 게 무엇인지, 나에 대해 성찰하면 할수록 자신감은 떨어졌다. 막연한 두려움에 사로잡혀 심할 때는 할 수 있는 게 하나도 없다는 느낌마저 들었다.

특히 '영재발굴단'에 나오는 아이들처럼 어렸을 때부터 탁월한 재능을 발견하고 미래를 설계하는 친구들이나 '엄친아(엄마친구 아들)'의 이야기를 접할 때면 한없이 작아지는 것만 같았다.

세상을 바라보는 눈이 넓어질수록, 그리고 내가 더 성장할수록 미래에 대한 나의 꿈과 비전이 점점 더 성숙해지고 명확해질 거라 생각하였는데, 모두에게 해당하는 말은 아니었나 보다. 고등학생 때는 오히려 대입이라는 커다란 장벽 앞에서 내 안의 무언가를 찾아야만 한다는 압박에 한없이 움츠려 있던 시절이었다. 우리 친구들도 지금 비슷한 경험을 하고 있을 수도 있다. 어렸을 때 자신 있게 꿈을 말하고 미래의 모습을 상상하고 미소 지었던 기억을 떠올려 보자.

어린 시절, 나는 1년에 한 번씩 혹은 그 이상 꿈이 바뀔 정도로 꿈이 많았다. 초등학교에 입학해서는 선생님이 되고 싶었고, 조금 더 커서는 크고 멋있는 차를 타고 다니는 회사 사장님이 되고 싶었다. 역사 판타지 만화책에 푹 빠져 있을 때는 고고학자를 꿈꾸었다. TV 뉴스를 보며 아나운서의 꿈을 꾸기도 하였고, 사춘기 때는 친구들이나 부모님의 마음을 꿰뚫어 볼 수 있는 심리학자가 되고도 싶었다. 또 아픈 사람을 마주할 때는 병을 고쳐 주는 명의가 되려고 결심하였고, 어려운 상황에 처한 사람들의 소식을 들으면 정의롭고 멋진 변호사가 되어 억울한 사람들의 문제를 해결해 주고 싶다는 꿈도 꾸었다.

지금 나는 과학관에서 과학교육 학예연구사(학예사)로 일하고 있다. 그런데 내가 하고 싶어 하였던 수많은 꿈들 중에서 지금 나의 직업인 과학관 학예사가 있었을까? 아쉽게도 없었다. 왜 그럴까? 생각해 보면 당연한 일이다. 그때는 학예사라는 직업에 대해 전혀 알지 못하였고, 그런 단어를 들어볼 기회조차 없었다.

내가 학예사라는 직업을 알게 된 것은 대학생이 되고 나서였다. 물론 그때도 과학관이나 학예사에 대해 잘 알지 못하였기 때문에 학예사로서의 진로는커녕 관심조차 가져본 적이 없었다. 누구나 듣지도 못하고 알지도 못하는 영역에 대해서는 관심을 갖기 힘들다. 나 또한 지금의 내 모습을 어렸을 때는 상상할 수도 없었다.

'아는 만큼 보인다'라는 말이 있다. 진로와 꿈도 마찬가지이다. 경험이 많아질수록 나의 꿈과 진로를 더 잘 찾을 수 있다. 세상을 더 넓게 바라보고 이해할수록 더욱 다양한 방법으로 나를 이해하고, 내 꿈의 의미를 찾을 수 있다. 그런 의미에서 사회 구성원으로서 나의 역할을 찾아가는 과정도 진로를 탐색하는 과정이라고 할 수 있다. 우리 친구들은 아직 학교라는 작은 사회에 속해 있어서 다양한 경험을 하는 데 한계가 있을 수 있지만, 봉사 활동이나 지역 활동 그리고 책이나 각종 미디어를 통해 간접적으로 세상에 관심을 가지는 것이 꿈과 진로를 찾는 데 많은 도움이 될 것이다.

꿈은 우리를 행복하게 한다. 일찍이 꿈을 꾸고 진로를 찾았다고 해서 삶의 행복을 빨리 찾는 것도 아니고, 조금 늦었다고 그

행복을 놓치는 것도 아니다. 하나의 꿈을 가지고, 그 꿈을 이루기 위해 실천하는 사람이 있는가 하면, 계속 꿈이 바뀌는 과정에서 고민하고 방황하며 꿈의 의미를 찾아가는 사람들도 많다. 지금 당장은 꿈이 없어도 괜찮다. 언젠가 이룰 꿈을 향해 나아가는 오늘의 나에 대해 자신감을 갖고, 나를 발전시키는 것이 중요하다.

"진정한 꿈이란 쇼핑처럼 좋아 보이는 것을 덥석 선택하는 것이 아니라, 내 안에 있는 재료들로 만드는 내 생애 최고의 발명품이다."

− 『김미경의 드림온』 중에서

어쩌면 계속해서 바뀌었던 어린 시절의 내 꿈들은 과거의 나와 현재의 나를 이어주는 연결 고리와 같다. 그 꿈들에 한 발짝 다가가기 위해 무언가를 생각하고 행동하였던 모든 것이 경험으로 쌓여 지금의 나를 만들어 준 재료가 되었다.

만화책에 빠져 고고학자를 꿈꾸었을 때는 자연스럽게 역사책을 일부러 찾아 읽기도 하였고, 때로는 숨겨진 유물을 찾겠다고 엄마를 졸라 인사동 골목을 누비기도 하였다.

언제 어떻게 고고학자의 꿈을 접었는지는 정확하게 기억나지 않는다. 좌절이나 실망을 해서 포기한 것은 아닌 듯하다. 아마도 더 새로운 것에 호기심이 생겼고, 그쪽이 더 궁금해서 자연스럽게 관심사가 옮겨졌을 것이다. 비록 고고학자라는 꿈을 이루지는 못하였지만 그때 알게 된 깨알같은 역사 지식 덕분에 대학생 시절의 짠내 나는 배낭여행도 알차고 재미있게 즐길 수 있었다.

크고 작은 경험들은 모여서 새로운 꿈의 자양분이 되기도 한다. 내가 중학생일 때 인사동 뒷골목 어딘가의 작은 갤러리에서 한 아나운서를 만났다. TV 화면에서만 보던 인물을 실제로 본 것이 처음이라 너무 반가운 나머지 다가가서 대뜸 인사부터 하였다. 그 아나운서는 수줍은 여학생의 인사를 반가운 눈웃음과 인사말로 받아주었다. 짧은 대화였지만 표정, 말투, 몸짓의 우아함은 순간의 설렘을 느끼기에 충분하였다.

지금 돌이켜 생각해 보면, 그 찰나의 경험이 나를 새로운 꿈으로 안내하였던 것 같다. 그 일을 계기로 나는 교내 방송반 활동을 시작하였고, 선생님을 도와 매주 아침방송조회를 준비하고 점심시간에는 신청곡을 소개하고 들려주기도 하였다.

방송반 활동은 매우 즐거웠고 또 열심히 하였지만 아나운서라는 꿈도 실현되지는 않았다. 분명한 건 그때 방송반에서 일한 경험들은 아직도 나에게 소중한 역량으로 남아 있다는 것이다.

과학관의 학예사 일을 하다 보면 연구발표, 행사진행 등 여러 방면에서 다양하게 발표할 일이 많다. 하지만 아무리 긴장하고 떨다가도 마이크가 켜지면 오히려 차분해진다. 복잡해 보이는 방송장비를 간단하게나마 다룰 줄 아는 것도 과학관 행사운영에 여러모로 도움이 되고 있다.

요즘에는 꿈을 이루기 위해 오디션 프로그램에 도전하는 친구들도 많이 있다. 오랜 기간 가수의 꿈을 위해 노력해 온 친구들의 무대를 보면 '전부를 걸었다'고 느껴질 정도의 절실함이 보인다. 노력과 열정에 대한 대가로 다음 라운드에 진출하고 최종 결선에 오르는 모습을 보면, 꿈을 이룬 친구들이 대견하면서도 각 라운드마다 떨어졌던 친구들의 모습이 아련히 떠오르기도 한다. 그런데 과연 오디션을 통과한 친구들만 꿈을 이루었다고 볼 수 있을까?

비록 최종 목적을 이루지 못하였더라도 꿈을 향해 나아가는 과정에서 최선의 노력과 열정을 쏟아부었고, 그 안에서 스스로 성장하고 있다는 것을 충분히 느꼈다면 그것만으로도 충분하다고 생각한다.

그들 중 일부는 훗날 우승자보다도 더 유명한 가수가 될 수도 있다. 히트곡을 만들어 내는 작곡가도 될 수도 있으며, 멋진 무대를 연출하는 PD가 될 수도 있다. 방송작가 혹은 보컬 트레이너, 실용음악과 교수 등등 무엇이든 될 수 있다. 오디션 과정에서 얻은 경험은 참가자들의 꿈이 나아가는 방향에 어떤 식으로든 값진 역할을 할 것이다.

지금 꾸고 있는 꿈이 있다면, 그것으로도 충분하다. 미래는 지금도 앞으로도 계속 바뀔 것이다. 우리 친구들도 꿈이 하나일 수

만은 없다. 지금 이 순간의 내 꿈은 무엇인가? 그것을 아는 것이
곧 진로 탐색의 시작이다.

4차 산업혁명 시대가
도대체 뭐야?

'시계탑 앞에 한 남자가 서 있다. 힐끔 시계를 들여다보는 그는 누군가 기다리는 것 같다. 갑자기 소나기가 내린다. 남자는 당황하였지만 그대로 그 자리에 서서 온통 비를 맞는다.' 2000년에 개봉한 영화 '동감'의 한 장면이다. 1979년의 여학생과 2000년의 남학생이 20년이라는 시공간 차이를 무전기로 연락하는 판타지·멜로 영화이다. 당시 스무 살이던 나는 이 영화를 극장에 가서 세 번이나 봤다. 지금처럼 VOD 서비스나 넷플릭스가 없던 시절이었기에 극장에 가야만 볼 수 있었다. 그리고 지금, 또다시 20년이라는 시간이 흘러, 2000년대와는 많이 다른 2020년이 되었다.

지금은 영화 속 주인공들처럼 누군가를 만나기 위해 무작정

기다리는 경우는 거의 없다. 메신저나 SNS로 어디까지 왔는지 바로 확인할 수 있다. 심지어 몇 분 후에 도착하는지도 정확하게 예측할 수 있다. 혹시나 길이 엇갈릴까 하는 걱정도 더는 필요하지 않다.

스마트폰을 통해 수많은 정보를 실시간으로 확인하고 이용하며 이전과는 확연히 다른 생활방식과 태도를 보이게 되었다. 우리 친구들의 미래 또한 지금과는 완전히 다른 세상으로 바뀌게 될 것이다.

그렇다면 현재 진행형인 4차 산업혁명 시대에 우리는 무엇을 어떻게 준비해야 할까? 미래학자들은 미래에는 현재 직업의 80%가 사라질 것으로 전망하고 있다. 부모님 세대에서 미래를 준비하던 것처럼 행동하면 다가올 4차 산업혁명 시대에 살아남기 힘들다고 한다. 이미 사회에서는 4차 산업혁명 시대에 걸맞은 새로운 인재상을 요구하고 있다. 도대체 4차 산업혁명이 무엇이기에 이렇게 세상이 변한다고 하는 것일까?

"우리는 지금까지 우리가 살아왔던 삶의 방식을 근본적으로 바꿀 기술 혁명의 직전에 와 있다. 이 변화의 규모와 범위, 복잡성 등은 인류가 이전에 경험했던 것과는 완전히 다를 것이다."

2016년 세계경제포럼(다보스포럼)에서 클라우스 슈바프 회장은 Industry 4.0(4차 산업)에 대해 위와 같이 이야기하였다. 이후 4차 산업혁명이라는 말은 전 세계적 변화의 핵심 키워드가 되었고, IoT(사물인터넷), 빅데이터, 인공지능 등 첨단 디지털 기술이 주목받기 시작하였다. 첨단 기술의 변화는 사회, 경제, 문화 등 총체적인 변화를 이끌고 있다.

지난 역사를 살펴보면 사회적으로 큰 변화가 있을 때마다 산업혁명이라는 이름으로 불렸다. 우리는 이미 1차, 2차, 3차 산업혁명 시대를 지났고, 그때마다 생산성에서 엄청난 증대가 있었다. 1차 산업혁명 시대는 증기기관이 인간의 노동력을 대신하기 시작한 시대였다.

이후 전기 에너지 사용의 확산으로 공장이 설립되고, 대량생산이 가능해진 2차 산업혁명 시대를 맞았다. 공장의 컨베이어벨트 위의 조립식 생산방식은 생산성 향상을 이루면서 자동차 산업과 같은 제조업의 발달을 이끌었다. 또한 석유화학의 개발로 나일론, 플라스틱이라는 새로운 소재가 만들어지면서 삶의 곳곳에 편리함이 자리 잡을 수 있었다. 이때 만들어진 기술은 지금까지도 여전히 활용되고 있다.

3차 산업혁명은 제3의 물결, 정보화 혁명 또는 자동화 혁명으로 알려져 있다. 20세기에 컴퓨터가 개발되면서 인간의 뇌가 하던 정보처리 기능을 기계가 대신하게 되면서 단순한 노동은 컴퓨터 알고리즘이 맡게 되었다. 대표적으로 세탁기, 전기밥솥, 엘리베이터 등이 있다. 기술이 발달할수록 수많은 자동화 공정들은 더욱 정교해지고, 더 저렴해졌으며, 더 복잡해져 갔다. 또한 반도체 기술의 발전은 이제 우리 손에서 떼려야 뗄 수 없는 스마트폰 탄생의 기초가 되었다.

4차 산업혁명은 갑자기 시작되는 것이 아니라 현재 진행형이다. '모든 것이 연결된 보다 지능적인 사회로의 진화'가 4차 산업혁명으로 정의된다. 우리는 이미 스마트폰으로 집의 보일러를 켰다 껐다 할 수도 있으며, 각종 기기들을 온라인으로 작동시킬 수 있다. 로봇청소기가 집 안 청소를 대신해 주고 음성 인식 스피커가 아침 분위기에 맞는 음악을 골라서 들려준다. 이뿐만이 아니다. 사람 없이 인공지능만으로 움직이는 자동차도 등장하였다. 교통법규를 지키며 수많은 돌발 상황에 대처하는 능력을 갖춘 자율 주행 자동차가 일반화되면 더 이상 인간이 직접 운전할 필요가 없게 된다. 미래학자들이 말하는 사라질 직업에 택시 운전자가 단골로 등장하는 이유도 이 때문이다.

우리는 스마트폰으로 언제 어디에서나 원하는 정보를 손쉽게 얻을 수 있다. 나아가 이제 기계 자체가 필요한 정보를 스스로 얻어서 의사결정까지 내리는 시대가 되었다. 얼마 전에 예쁜 원피스가 사고 싶어서 '원피스'를 검색한 적이 있는데, 그 후로 한동안 각종 원피스들이 내 SNS 광고화면에 계속 올라온 적이 있었다.

또. 다이어트 관련 운동방법과 식이요법 등을 검색하였더니 이번에는 다이어트 관련 제품의 광고가 계속해서 내 SNS 계정에 등장하였다. 광고인 것을 뻔히 알면서도 한참을 들여다보며 구매 욕구를 억눌러야만 하였다. 마케팅 AI가 알아서 내가 검색한 기록을 광고에 반영하여 내 욕구를 자극시키고 의사결정에 영향을 미치고 있는 것이다.

변호사나 회계사 등 소위 전문직으로 불리는 상당수 직업들이 이제는 방대한 데이터와 빠른 처리 능력을 갖춘 인공지능에게 자리를 내주어야 할 것이라는 이야기도 심심찮게 들린다.

전문가들이 예상하는 것처럼 현재 직업의 80%가 사라진다면, 정말 기계가 인간의 역할을 대신하고 우리는 일자리를 잃게 될까? 만약 정말로 그렇다면 우리는 어떤 꿈을 꾸어야 할까?

사회란 사람으로 구성되고 사람에 의해 유지되는 시스템이다. 아마도 없어지는 직업만큼 새로 생겨나는 직업도 많을 것이다. 10년 전에는 생각지도 못하였던 유튜버라는 직업이 대표적이다. 지금은 개인이 필요한 정보들을 모아 새로운 정보를 생산하고, 유통하는 1인 미디어 시대이다. 뉴스, 신문 등 미디어로부터 일방적으로 정보를 얻던 시대는 지났다. 사회, 문화, 경제적 변화를 이해하기 위해 미디어를 활용하던 시대에서 개인이 1인 미디어 콘텐츠 기획자가 되어 인플루언서라 불리며 사회문화적 변화를 이끄는 힘

을 갖게 되었다.

앞으로 우리 친구들이 만날 미래가 어떻게 변화할지 정확하게 예측하기는 어렵지만, 변화하는 미래에 유연하게 대처하고 빠르게 적응하는 능력이 필요하다. 그리고 변화에 도전할 수 있는 용기를 갖는 것도 아주 중요하다.

이스라엘에는 '다브카(Dabca)'라는 문화가 있는데, 다브카는 히브리어로 '그럼에도 불구하고'라는 뜻이다. '다브카' 문화는 아이디어로 창업을 독려하며, 실패와 시행착오에도 비난 대신 사회적 격려와 지원으로 한계를 극복하고 성장하기를 바라는 문화이다. 우리에게도 청년들의 끊임없는 도전을 응원하고, 실패함에도 불구하고 이를 지원하는 문화가 필요하다.

우리 친구들의 미래도 끊임없는 도전으로 이어지는 거대한 탐험의 여정과 같다. 따라서 꿈을 꾸고 진로를 정할 때도 탐험하는 마음으로 변화에 맞서 나아가야 한다. 호기심과 도전 정신을 가지고 진로 탐험의 여정을 떠날 마음의 준비가 되었는가?

3

⋮

호기심이 미래를 만든다고?

　창의적인 사고는 호기심에서 비롯된다. 창의적으로 세상을 바꾼 사람들은 대부분 호기심이 왕성하여 때로는 엉뚱한 상상으로 주변을 당황하게 한 에피소드들을 갖고 있다. 닭이 부화하는 과정이 궁금하여 달걀을 품었던 에디슨은 인류 최고의 발명가가 되었고, 대학을 자퇴하고 자신이 좋아하는 것을 찾아 새로운 도전을 한 스티브 잡스는 매킨토시라는 새로운 컴퓨터를 개발하여 세계를 놀라게 하였다.

　20세기 최고의 천재 과학자로 불렸던 아인슈타인은 "나는 특별한 재능을 갖고 있지 않다. 오직 열정 가득한 호기심을 갖고 있을 뿐이다."라고 말하였다. 아인슈타인의 지적 호기심은 상대성

이론과 광전 효과라는 위대한 과학적 업적을 탄생시켰다. 세계적인 심리학자인 미하이 칙센트미하이 교수는 그의 저서 『창의성의 즐거움』에서 창의성은 인간만이 가진 고유한 특성이며, 인류가 다른 동물들과 다른 방식으로 살아남아 발전하는 이유도 창의성 때문이라고 하였다. 그는 창의성이 고갈되면 인류는 살아남지 못할 것이라고도 하였다.

서울시립과학관 건물에는 '호기심을 조각하고 관찰을 코딩하라'는 슬로건이 새겨져 있다. 과학의 기본이 주변의 사물과 자연을 관찰하고, 관찰하면서 생긴 호기심을 탐구하고 본질을 이해해 나가는 과정과 사고방식이라면, 호기심은 과학이 발전하는 가장 기본이 되는 것이다.

이제 갓 말문이 튼 3~4세 아이들에게는 세상 모든 것이 신기하다. 궁금한 것도 많아 항상 "왜?"라는 질문을 달고 산다. "왜 하늘은 파래요?" "배고플 때는 왜 배에서 소리가 나요?" "아기는 어떻게 생겨요?" 등등. 아이들의 궁금증은 새로운 세상에 대한 관심과 호기심에서 비롯된 것이다. 아이들의 질문 가운데 미처 어른들도 생각하지 못하였던 기발한 상상이 포함되어 있는 경우도 많다.

쓸데없는 호기심이란 없다. 오히려 엉뚱한 호기심이 새로운 발견을 가져오고 그 가능성을 넓게 하는 경우가 많다. 1만 4천 년 전 현생 인류는 시베리아 땅을 건너 알래스카까지 갔다. 유발 하라리의 『사피엔스』에 따르면 식량을 찾기 위해 갔다고 하지만, '저 빙하 너머에는 뭐가 있을까?'라는 새로운 곳에 대한 인간 본연의 호기심 때문이었다는 의견도 있다. 실제 시베리아를 건너가는 긴 여정 속에서 의식주가 변화하고 사냥기술이 발달하였다고 한다.

우주 개발 사업도 비슷하다. 지구가 멸망할 때를 대비하여 달이나 화성을 식민지로 만들기 위해 우주 개발을 하는 것이 아니다. 우주 탐사는 지구가 아닌 다른 행성에도 생명체가 있을지 궁금해하는 것에서 비롯되었다. 과학의 발견으로 인간은 우주에 대해 더 많이 알게 되었고, 더 많은 궁금증이 생겼다. 우리를 구성한 원소들이 어떻게 생겨났는지 궁금하기 시작하였고, 우주의 시작과 끝은 어디인지 등등의 호기심이 더 구체화되어 갔다. 과학은 이처럼 '왜(why)'와 '어떻게(how)'라는 인간의 호기심 때문에 계속 발전하는 것이다.

마찬가지로 내 인생의 내일은 어떨지, 10년 후 나의 모습은 어떨지 궁금하다면 그것이 바로 나의 진로에 대한 호기심의 시작일 것이다.

호기심과 개인의 진로가 만나면 어떻게 될까? 미국 '엔터테인먼트 산업에서 가장 영향력 있는 여성'으로 꼽힌 월트디즈니사의 여성 리더 앤 스위니는 '끊임없는 호기심'을 자신의 성공 비결로

뽑았다. 그녀는 항상 '이다음은 뭘까?'가 궁금하였다고 한다. 그러다 보니 새로운 기술에도 관심이 많아졌고, 또 남들의 이야기도 궁금하였다고 한다. 그녀는 모든 의사결정의 기준을 '호기심'으로 삼았다. 프로젝트를 추진하거나, 직업이나 회사를 옮길 때도 개인의 '호기심'에 따랐다고 한다. 이처럼 호기심과 관심이 만나면 새로운 꿈과 도전의 길, 즉 진로의 길이 열릴 수 있다.

호기심은 새로운 것을 알고 싶어 하는 인간의 기본적인 욕구이다. 시험 기간이 되면 꼭 재미있는 영화나 드라마를 보느라 공부시간을 다 흘려보내 시험을 망쳤던 경험들이 있을 것이다. 우리에게 충분한 휴식의 시간이 없음을 알면서도 영화나 드라마를 중간에 끌 수 없는 이유도 바로 다음 장면이 궁금하기 때문이다. 좋아하는 연예인에 대한 정보를 찾을 때 졸음도 이기고 밤새 인터넷을 검색할 때도, 더 많이 알고 싶다는 호기심이 작용한다. 호기심에 대한 해결은 지적만족감을 가져다주며 성취감을 느끼게 해준다. 따라서 어떤 분야에서든 호기심을 갖고 능력을 키워가는 사람은 성공할 가능성이 그만큼 높다고 할 수 있다.

진로도 마찬가지이다. 직업을 찾아가는 과정이라는 긴 여정에서 호기심은 방향을 결정하고 계속 나아가는 데 중요한 원동력이 된다. 내 관심사를 가 보고 싶은 여행지에 비유하고, 호기심을 여행에 대한 기대감으로 생각해 보자. 여행을 준비하는 과정에서,

그리고 여행지에서 어려움을 마주할 때도, 여행을 마치고 추억할 때도 호기심은 매 순간 주요 요소가 된다. 나의 관심사가 무엇이고, 어떤 부분에서 내가 호기심을 느끼는지, 나를 알아가는 과정에서 진로를 탐색해야 하는 것이다.

사범대학을 다녔던 나는 학생들을 가르치는 것이 적성에 맞아서 당연히 졸업 후 교사가 되는 것이 나의 진로라고 생각하였다. 그런데 우연히 또 다른 기회가 찾아왔고, 그 기회는 곧 도전으로 이어졌다. 물론 도전을 할지 말지 선택하는 것은 오로지 나의 몫이었다.

내가 다녔던 대학교는 교내장학금 신청을 위해 지도교수님 면담을 반드시 해야 하였다. 교수님 면담을 위해 방문한 대학원 연구실에서 본 선배들의 연구하는 모습은 새로웠다. 주어진 길이 아닌 스스로에 대한 가치와 비전을 갖고 연구하는 모습에는 열정이 담겨 있었다. 별다른 큰 뜻 없이 임용고사를 준비하려던 내 모습과는 너무나 달라 보였다. 그때까지 어떻게 '나'를 성장시키고, '나'의 역량을 키울 수 있는지에 대한 고민을 해 본 적이 없었다. '나'를 중심에 둔 성찰이 진로를 정하는 데 있어서 가장 중요하다는 것을 그제야 깨달았다.

지금 내가 정말 하고 싶은 것이 임용고사를 보는 것이었던가? 내가 지금 좋아하고 궁금해하는 것은 무엇일까? 5년 후, 10년 후 나는 어떤 모습일까?

호기심에 나를 맡기고 한번 나아가 보자. 당시 나는 현대물리학, 그리고 양자역학, 핵물리학을 공부하는 것이 어렵지만 재미있고 좋았다. 잘하는 것과 좋아하는 것은 다르지만 좋아하는 것은 잘하게 되는 과정에 큰 영향을 미치기도 한다.

특히 내가 대학생이던 시절에 노벨물리학상의 주제는 우주중성미자(2002년), 우주 배경복사(2006년)였다. 한국에서도 최초의 우주인선발대회가 열리는 등 천문학과 천체물리학의 인기가 높았다. 마침 내가 방문한 연구실은 핵천체물리학을 연구하는 실험실이었다. 뭔가 최첨단의 과학 연구 언저리에서 도전해 보고 싶다는 열망이 생겨났고, 결국 나는 대학 졸업을 코앞에 두고 진로를 변경하게 되었다.

4

도전하고 도전하라!
실패는 또 다른 도전의 이유

    혁신적으로 세상의 변화를 주도하는 사람들은 미래를 두려워
하지 않고 도전하는 사람들이다. 달까지의 왕복 여행상품을 개발
하고, 사람 없이 움직이는 무선 자율주행 자동차를 탄생시킨 일
론 머스크가 대표적인 인물이다.

    국가사업으로 진행되는 거대 프로젝트인 우주왕복선을 민간
기업에서 개발하고 상품화하는 것에 대해 처음에는 냉소적인 반
응이 쏟아졌다고 한다. 실패할 확률이 너무나도 높았고, 실패하면
바로 파산으로 이어질 수도 있는 대규모 사업이었기 때문이다. '자
율주행 자동차'라는 아이디어가 처음 나왔을 때도 학계나 사회의
비난이 매우 거셌다. 자연스레 그에게는 희대의 사기꾼이라는 별

명도 붙었다.

자동차는 사람의 생명과도 직결되기 때문에 기계의 판단에 생명을 맡기기에는 변수가 많아 위험 부담이 너무 컸다. 그러나 오늘날 자율주행 자동차는 상용화를 곧 눈앞에 두고 있고, 4차 산업혁명 시대의 대표적인 아이콘으로 떠올라있다. 일론 머스크는 희대의 사기꾼에서 이 시대를 대표하는 혁신가이자 천재 사업가로 탈바꿈하였다. 이처럼 4차 산업혁명 시대에는 남들이 생각하지 않는 남다른 도전 정신과 실행 의지가 필요하다.

상상 속에 있는 것들을 가감 없이 자신 있게 내보이자. 섣부른 판단과 의기소침으로 우리 친구들이 가지고 있는 내면의 무한한 가능성을 모른 체하지 말자. 상상이 현실이 되는 시대가 앞으로 우리가 살아갈 시대가 될 테니까 말이다.

'과학자는 실패하는 사람이다'

서울시립과학관 초대 관장이었던 이정모 관장께서 늘 하시던 말씀이다. 과학자는 수백, 수천 번의 반복되는 실패를 통해 겨우 의미 있는 하나의 결과를 얻는 경우가 더 많다.

아마도 우리 친구들은 그동안 학교 실험에서 대부분 좋은 결과를 얻었을 것이다. 사실 학교 실험은 수많은 조건과 변수들이 통제되어 실험 결과가 잘 나오도록 세팅된 실험들이 대부분이다.

하지만 대부분의 과학자들은 평생을 한 가지 과학적 진실을 밝혀내기 위해 연구해도 끝내 밝히지 못하는 경우가 더 많고, 아주 작은 오차를 줄이기 위해 실험 조건들을 변경하면서 반복되는 실패를 경험한다. 그럼에도 아무도 가 보지 않은 길을 학문적 호기심과 끈기로 계속 걸어나가는 사람들이 과학자들이다.

내가 근무하는 과학관에서도 과학자들만큼은 아니지만 여러 번의 실패를 반복하는 일을 무수히 많이 하고 있다. 새로운 전시품을 개발하고, 새로운 교육프로그램을 개발할 때마다 다양한 변수(환경요소, 관람객의 수요 등)를 고려하며 팀원 전체가 머리를 맞대고 연구한다. 처음부터 성공적이고 완성된 작품이 나오면 좋겠지만 대부분 수많은 기획회의를 거쳐서 하나의 안이 수립되고, 시제품의 반복 시범운영을 통해 하나의 결과물을 만들어 낸다. 이후에도 시즌이 변경될 때, 사회문화적 환경요소가 변화할 때, 그리고 예산이 변경될 때마다 새로운 아이디어가 덧붙여져 변화를 시도한다.

돌이켜보면 우리 친구들도 여러 번의 실패를 경험하였을 것이다. 공부할 때도 자신에게 맞는 공부법을 찾기까지 여러 번의 시행착오를 거치고, 또 자신이 생각한 목표를 이루기 위해 노력하는 과정에서도 실망하고 내려놓고 싶다는 생각이 든 적도 많을 것이다.

사실 실패란 말은 없다. 실패는 성공을 위한 하나의 과정이며

실패란 말은 없다!
실패는 성공을 위한 경험이다!

경험이다. 그 경험은 우리가 전혀 생각하지 못한 곳에서 또 다른 성공을 이룰 수 있는 발판이 될 수도 있다. 지치지 않고 도전하는 것! 그것이 실패가 주는 성공의 핵심 열쇠이다.

1900년대 초 폭발적 인구증가에 따른 식량 부족 사태가 전 세계적으로 심각하였다. 식량 생산을 늘리기 위해 과학자들은 대기 중의 질소를 고정하여 비료를 생산하고자 하였다. 이 과정에서 몇 차례 질소공장이 폭발하여 대규모 참사가 발생하기도 하였다. 하지만 포기하지 않고, 문제점들을 개선하면서 마침내 비료 생산이 가능해졌고, 식량난을 해결하는 데 이바지하게 되었다.

우리나라의 최초의 우주발사체인 나로호도 두 번의 실패 끝에 2013년 세 번째 도전에서 성공하였다. 만약 두 번째 실패하였을 때 도전을 멈추었으면 어떻게 되었을까?

아마도 우리나라의 우주 산업은 그때부터 더는 발전이 없었을 것이다. 두 번째 실패 후 다시 도전한 끝에 우리나라는 세계에서 11번째로 자국의 힘으로 우주발사체를 성공시킨 나라가 되었으며, 세계적으로 인정받는 우주 개발의 기술과 경험을 얻게 되었다. 이처럼 과학기술의 진보는 값진 실패를 통해 이루어진다.

배움도 마찬가지이다. 새로운 분야에 대한 호기심과 도전을 통해 얻는 모든 경험이 배움이 될 수 있다. 컴퓨터를 처음 배울 때는 자판을 외우기도 어렵다. 그러나 도전을 계속하면 어느새 검색하고 싶은 대로, 작성하고 싶은 대로 자연스럽게 손가락이 움직이게 된다.

내가 근무하고 있는 서울시립과학관 교육의 정신은 '도전과 시행착오, 열린 배움의 공간'이다. 과학관에서는 학교 교육 과정에 얽매이지 않고, 다양한 시도들을 해볼 수 있다.

특히 2020년에 등장한 코로나 19 바이러스는 전 세계에 엄청난 변화를 가져왔다. 온라인 개학이라는 상상도 못한 일이 일어났고, 이제는 온라인 학습과 병행한 등교가 어느 정도 자리를 잡아가고 있다. 4차 산업혁명 시대와 맞물려 온라인 콘텐츠, 온라인 시스템이 그 진가를 드러내고 있는 것이다.

모두에게 낯설고 새로운 환경이지만, 새로운 인프라 위에 새로운 도전은 더 창조적인 문화 활동을 이끌어낼 수 있을 것으로 기대된다.

세상은 계속 변화하고, 그 변화 속도는 이전보다 훨씬 빠르다. 변화의 물결 위에서 우리는 새로운 것들을 수없이 만난다. 그리고 수많은 익숙함과 낯섦 사이에서 결정을 내려야 한다. 빠르고 정확한 선택과 적응 능력은 새로운 세상을 살아갈 나와 우리 친구들에게 매우 중요한 요소이다.

인간은 습관의 동물이라고 한다. 새로운 것과 변화의 갈림길에서 어떤 위험요소가 나타날지 모른다는 불안감에, 기존의 것이

군이 나쁘지 않다면 변화를 선택하지 않는 경향이 높다. 이를 심리학에서는 '현상유지편향'이라고 한다.

지금 이대로 익숙하고 안정적인 상황을 유지하고 싶어 하는 본능은 우리 모두에게 내재되어 있다. '아무것도 하지 않으면 중간은 간다'라는 말이 있을 정도로, 많은 사람들이 변화를 두려워한다. 새로운 것에 대한 두려움, 그리고 마주칠 또 다른 상실과 실패에 대한 거부감 때문이다.

그런데 어떠한 변화도 없으면, 지금보다 나아질 수 없다는 것 또한 명백한 사실이다. 낯선 곳에 대한 두려움 때문에 매번 같은 곳으로만 여행을 간다든가, 익숙하지 않은 맛에 대한 두려움 때문에 매번 같은 것만 먹거나, 혹은 낯선 이에 대한 두려움 때문에 새로운 친구를 사귀는 것을 피한다면, 우리의 삶은 매우 무미건조하고 재미없는 삶이 될 것이다.

건강한 몸을 갖고 싶다면 먼저 식단에 변화를 주어야 하고, 운동을 생활화하는 습관으로 삶의 방식도 바꾸어야 한다. 좋은 성적을 받고 싶다면, 지금까지의 공부 습관을 점검해 보고, 효율적인 학습법으로 공부법을 변화시키거나 지금보다 더 많은 연습과 노력을 할 수 있도록 생활방식을 바꿔야 한다. 원하는 것을 얻기 위해서는 변화와 도전이 필요하다.

한때 대한민국을 대표하는 예능 프로그램인 '무한도전'도 연예인들의 '도전'이라는 콘셉트를 기본으로 하고 있다. 예를 들면 모델 특집 편에서는 몸매와 워킹, 마음가짐 등 모든 면에서 프로 모델과는 비교도 될 수 없었던 여섯 명의 무한도전 멤버들이 디자이너 이상봉의 패션쇼에 모델로 서기 위해 눈물 나는 노력을 하였다. 또 노래 실력도 변변찮았던 이들이 '강변북로 가요제'를 개최하여 히트곡들을 쏟아내는가 하면, 피나는 에어로빅 연습 끝에 몸치에 박치였던 멤버들이 전국체전에 출전한 것도 잊을 수 없다. 10여 년 전 해체되었던 아이돌 그룹 '젝스키스'를 부활시킨 프로젝트도 감동이었다.

말 그대로 '말도 안 되는', '무모한' 도전들이 성공되는 과정을 지켜보면서 시청자들은 웃음과 감동을 함께 느꼈다. 무한도전은 그렇게 국내 최초의 버라이어티쇼로 자리매김하였다. 기존과는 다른 새로운 포맷의 프로그램이었고, 멤버들의 진실한 도전 정신이 만들어 낸 결과이기도 하였다. 도전 과정에서 겪는 실패와 좌절에 대한 연민, 성공에 대한 짜릿함을 함께 공감하는 시청자들의 역할도 컸다.

사람들은 누구나 도전에 대해 막연한 두려움을 갖고 있다. 그러나 그만큼 성취에 대한 욕망도 지니고 있다. 그리고 열정과 노력이 만들어 낸 도전과 성공은 더욱 큰 가치를 가진다.

지금 우리 친구들은 어떤 도전을 하고 있는가? 또 어떤 실패를 하였는가? 실패를 반복하면서도 계속 도전하고 있다면, 이미 우리 친구들은 성공의 길을 가고 있는 것과 마찬가지이다.

5

⋮

현재는 미래의 나를
만드는 과정

새로운 것과 익숙한 것 중 하나를 선택해야 하는 순간이 온다면 우리 친구들은 어떤 선택을 할까? 도전 앞에 망설였던 적이 있다면 언제인가? 평소에 도전과 모험을 즐기는가?

사실 도전이라는 것은 도전할 것인가, 도전하지 않을 것인가를 선택하는 것에서부터 시작된다. 그리고 그 선택의 과정에서 기존의 경험이 판단의 근거로 작용한다. 『선택의 심리학』의 저자인 도홍찬 선생님은 삶은 선택의 연속이며, 선택은 인간이 가진 절대적인 권리라고 하였다.

예를 들어 아기가 계속 울 것인지 말 것인지를 선택하면서 부모와 소통하는 것처럼, 부모도 우는 아이를 달랠지 말지를 선택하면서 아이와 부모 사이의 인간관계가 형성된다. 현재의 나는 과거의 무수히 많은 선택의 결과이고, 마찬가지로 미래의 내 모습은 현재의 내가 어떤 행동과 선택을 하느냐에 따라 결정될 것이다. 따라서 지금 나의 열정과 노력 등이 미래의 나를 만드는 과정이 된다고 생각하고, 긍정적인 도전을 이어가는 것이 중요하다.

그런데 안타까운 현실이 보고된 바 있다. 2016년에 통계청이 발표한 '청소년 통계' 자료에 의하면, 무려 27%의 청소년들이 직업 선택에서 가장 중요한 요소로 '수입'을 선택하였다. 그다음으로 22.8%의 학생이 '안정성'을 선택하였다. 거의 절반에 가까운 49.8%의 학생이 수입과 안정성을 미래의 직업 선택의 기준으로 인식하고 있음을 알 수 있다. 불안정한 미래에 대한 두려움이 우리 청소년들의 꿈에서 '도전'이라는 키워드를 앗아가고 있는 것 같은 느낌이다.

우리 친구들은 세상에 대한 경험이 많지 않아 좋아하는 것이 무엇인지, 잘하는 것이 무엇인지 잘 모를 수 있다. 진로를 선택하는 것에 있어서도 안정적인 삶을 살기를 원하는 부모들의 바람이 우리 친구들의 삶에 투영되어 나타나기도 한다. 게다가 우리나라의 청소년들은 대학 입시라는 큰 관문을 통과해야 해서 단순히 학업에만 몰두하다가 학교생활을 마치는 경우가 많다. 이 과정에서 자신의 진로와 적성을 발견하기 어려운 것은 어쩌면 당연한 결과이다. 자주 바뀌는 입시 정책도 우리 친구들의 혼란과 미래에 대한 불안감을 가중시키는 요인 중 하나이다.

'아는 것이 힘이다'라는 명언으로도 유명한 프랜시스 베이컨은 대표적인 경험주의 철학자로 경험과 관찰을 통해서 새로운 인식에 이를 수 있다고 하였다. 이러한 '경험주의'는 증거에 기반하여 객관적인 진리를 추구하는 실험과학의 기본 철학이 되었다. 인생의 진로를 설계하고 꿈을 설정하는 데도 '경험'은 중요한 자산이자 밑바탕이 될 수 있다. 다양한 도전과 경험으로 인생의 자산을 많이 확보하는 것이 중요하다. 그 안에서 혹은 그것을 토대로 나에게 더 맞는 꿈과 진로를 찾아야 한다.

안타깝게도 요즘에는 우리 친구들이 꿈과 진로를 다르게 설정하는 경우가 많다. 진로는 돈을 벌 수 있는 직업적인 수단이며, 꿈은 자아실현, 자기만족을 위한 희망 정도로 생각하는 것이다.

미국항공우주국(NASA)과 내셔널지오그래픽에서 인정한 세계적인 천체 사진작가 권오철 작가의 이야기가 떠오른다. 권오철 작가는 서울대 공대를 졸업하고 대기업에서 배를 만드는 선박 엔지니어로 일하다가 해와 달, 별 사진을 찍는 사진작가라는 진짜 꿈을 찾았다. 그는 『너의 진짜 꿈을 꿔라』에서 꿈을 찾는 방법을 소개하며 꿈 멘토로서의 조언을 하고 있다. 그중 가장 먼저 강조하는 것이 바로 '경험'이다. 그는 "소소한 경험을 무시하지 마라. 작은 경험이 쌓여 내가 되고 꿈이 된다고 강조한다. 진짜 꿈은 직접 경험이든 간접 경험이든 내가 경험한 것의 테두리 안에 있다."
라고 말하였다. 경험을 통해 좋아하는 것을 찾고, 좋아하는 일을
하고 살아야 행복이 함께 한다는 그의 말은 너무나 당연한 명제이
다. 그럼에도 대부분의 사람들이 이를 쉽게 그냥 지나치고 있다.

　　우리는 지금 모두 자신의 꿈을 찾는 길을 걸어가고 있다. 그
길에서 만나는 많은 도전과 고난, 그리고 성공의 경험에서 자신
의 진짜 꿈을 만나게 될 것이다.

6

⋮

나만의 (꿈) 진로 노트를
만들어라

2020년 현재 직업분류는 국가직무능력표준(NCS)이라는 분류 체계를 살펴보면 알 수 있다. 경영, 금융, 교육 등 총 24개의 대분류에서 총 1,001개의 세분류까지 나타나 있다. 각각의 세분류에 해당하는 직업의 종류까지 살펴보면 익숙한 것보다는 모르는 것이 더 많다.

지금 발표된 직업들을 다 이해한다고 해서 꿈을, 진로를, 직업을 정할 수 있는 것은 아니다. 더욱이 세상은 끊임없이 변화할 뿐만 아니라 점점 더 빠르게 변화하고 있다. 이러한 변화 속에서 새롭게 생겨나는 분야의 직업도 있고, 사라지는 직업들도 많아지면서 직업 세계는 점점 다양해지고 있다.

아마 우리 친구들이 지금 진로를 결정하였다고 하더라도 미래는 지금과는 전혀 다른 모습으로 전혀 다른 특성을 가진 새로운 사회가 되어 있어 전혀 다른 직업을 갖고 있을 수도 있다.

빠르게 변화하는 세상에서 나의 꿈을 찾고 진로를 탐색하기 위해서는 어떤 준비를 해야 할까? 무엇보다 나를 이해하는 것이 가장 중요하다.

내가 어떤 성향의 사람이고, 어떤 일을 좋아하고, 어떤 것을 잘하는지, 어떤 활동을 할 때 즐거움과 보람을 느끼는지 나를 중심에 놓고 진지하게 성찰해 보아야 한다. 나를 알고 나면 나를 둘러싼 환경이 보이고, 그 환경이 속한 사회가 보일 수 있다.

먼저 나만의 꿈 노트를 준비하여 꿈 노트 첫 페이지에 마인드맵으로 나를 표현해 보자. 나의 성격, 즐거운 순간, 슬플 때, 지금 당장 하고 싶은 것, 좋아하는 것, 잘하는 것 등등. 나를 표현할 수 있는 단어를 생각해 보자. 이때는 진로와 관련이 없는 것이어도 좋다. 지금 이 순간의 나를 표현하면 된다. 그리고 5가지 단어에서 이어지는 생각들을 적어도 2~3개씩 적어 나가고, 이 과정을 4~5단계 반복한다.

위 단계들을 따라 마인드맵을 그려나가다 보면, 나의 장점뿐만 아니라 단점도 발견하게 된다. 그러면서 나에 대해 더 알게 된다.

나의 단점을 발견하였다면 단점을 보완할 방안들을 생각해 볼 수 있다. 그리고 내가 잘하는 것, 나의 장점들을 더 끌어올리는 방법을 생각한다. 이러한 생각들을 이어나가는 것만으로도 진로를 찾는 데 많은 도움이 된다.

간단한 적성검사를 받아보는 것도 좋은 방법이다. 한국직업능력개발원과 교육부에서 운영하는 '커리어넷' 사이트에서 진로심리검사를 받아볼 수 있다. 또 진로적성검사뿐만 아니라 진로흥미검사, 진로가치관검사, 진로성숙도검사까지 다양한 심리검사를 받아볼 수 있다.

이러한 검사는 잠재된 적성을 발견하고 자신을 이해하는 데 도움이 되지만 그 결과가 절대적인 것은 아니므로 도움을 받는 선에서 참조하도록 해야 한다. 이곳에서는 특히 직업이 있는 성인에 대한 직업가치관 검사도 함께 진행하는데 직업과 관련된 다양한 가치 중 어떤 가치를 주요하게 만족시키고 싶은지, 개인의 가치관과의 일치도를 살펴볼 수도 있다.

청소년기에 자신에게 맞는 진로를 찾지 못해 고민하는 친구들이 많은데 진로란 반드시 청소년기에 확립해야만 하는 것이 아니다. 대학을 진학한 이후에 또는 직장 생활을 하면서도 자신의 진로를 정하거나 바꾸는 경우가 훨씬 더 많다.

진로란 우리의 삶과 함께 지속되는 '길고 긴 탐험'과도 같은 것이다. 당장 하고 싶은 것이 없다면, 지금 주어진 일에 최선을 다하며, 내가 좋아하는 일, 관심이 있는 일을 꾸준히 찾아보는 것이 좋다. 그렇게 일상을 충실히 보내다 보면 어느 순간 자신이 좋아하는 진짜 꿈을, 진짜 진로를 만나게 될 것이다.

7

⋮

꿈을 구체화하라!

지금 우리 친구들이 꾸고 있는 꿈이 있다면 그 꿈을 위해 무엇을 노력할지 생각해 보자. 부모님이나 친구들과 꿈에 관한 이야기를 주고받거나 궁금증을 해결할 수 있는 책을 찾아 읽어 보는 것도 좋은 방법이다. 그렇게 궁금증을 해결하다 보면, 그 꿈이 정말 내게 맞는 것인지, 내가 좋아하는 것인지 다시 생각해 볼 수 있게 된다. 오늘의 꿈이 진로나 직업으로 바로 연결되는 것은 아니지만 꿈을 구체화하면 할수록 진로도 더 빨리 찾을 수 있게 된다.

많은 학생들이 꿈을 이야기할 때, "저는 꿈이 없어요" 혹은 "저는 하고 싶은 게 없어요"라고 하소연한다. 꿈을 너무 거창하게 생각하면 쉽게 꿈이 떠오르지 않을 수도 있다. 꿈도 없는 자신이 한심하다고 자책할 수도 있다. 하지만 단순하게 내가 좋아하는 것으로 생각을 집중해 보면 의외로 쉽게 꿈에 접근할 수 있다.

우선 최근에 봤던 영화나 드라마, 잡지 등에 등장하였던 인물 중 닮고 싶었던 인물이 있었는가? 혹은 가 보고 싶었던 장소가 있었는가? 떠오르는 것들이 있다면, 이제 인터넷으로 검색하여 이러한 인물들과 비슷한 사람들을 만나볼 수 있는 장소를 한번 찾아보자. 그 장소만이 가진 분위기, 환경, 사람들의 움직임, 대화 내용 등을 관찰하고 경험하게 되면서 생각지도 못한 어떤 느낌을 받을 수 있다.

실제로 '장소감(sense of place)'이라는 용어가 있다. 장소감은 개인의 활동이나 의식에 의해 형성되는 어떤 장소에 대한 감정으로, 환경과 개인의 상호작용에 있어 장소가 개인에게 미치는 주관적인 영향을 뜻한다. 그것이 또 다른 나의 호기심이나 관심을 끌었다면 거기에서부터 시작하면 된다. 꿈이 없는 경우 꿈을 꿀 수 있는 양분을 얻은 셈이고, 꿈이 있는 경우 꿈에 한 발짝 더 다가설 수 있다.

나는 고등학교와 대학 입시를 앞두고는 진학하고 싶었던 학교를 둘러보는 일정을 마련하였다. 공식적으로 학교 선생님과 약속을 잡은 것도 아니었고, 그냥 방과후에 학교를 구경하러 나서는 일정이었다. 운동장 한쪽에 운동하는 선배들의 모습이 보였고, 벤치에 모여 앉아 수다를 떨거나 책을 보는 선배들도 있었다. 선배들을 보며 '아, 나도 저런 활동을 할 수 있겠구나'라고 생각하며 입학 후 나의 모습을 상상하였다. 이곳저곳을 기웃거리는 내 모습이 신기하였는지 몇몇 선배들이 다가와 말을 걸었다. 자연스럽게 학교생활, 입학전략 등을 생생하게 들을 수 있었다. 이후 나는 목표가 더 뚜렷해졌고, 한 발 더 나의 꿈을 구체화할 수 있었다.

'백문이 불여일견'이라는 속담처럼 단순히 글이나 사진으로만 보는 것보다 직접 보거나 경험하면 알게 되는 것들이 훨씬 더 많다. 우리 친구들도 하고 싶은 것이 있다면 스스로 부딪혀서 경험해 보기를 바란다. 그리고 직접 경험하지 못할 때는 선배들이나 관련 경험자들의 이야기를 듣는 것도 많은 도움이 된다.

'거인의 어깨 위에서 더 넓은 세상을 볼 수 있었다'

이 말은 고전역학을 성립한 뉴턴이 이야기 해서 유명해진 말이다. 앞서 같은 길을 걸었던 케플러나 갈릴레이의 업적이 있었기에 지금의 결과가 있을 수 있었다는 '겸손함'의 대표적인 글귀가 된 이 말을 되새겨 보자. 짧게는 10년, 길게는 30년 이상 우리보다 앞선 세대를 살아온 우리의 선배들. 바로 지금 사회 전역에서 활발하게 활동하고 있는 전문가들. 요즘은 그들을 만나볼 기회가 의외로 많다. 그들이 경험해왔던 삶은 세상이 변한다 하더라도 우리가 나아갈 길을 찾는 데 새로운 이정표가 될 수 있다.

요즘은 가까운 도서관이나 학교에서도 '진로특강'을 많이 개최한다. 예전과 비교하면 다양한 분야의 전문가들이 청소년들의 진로에 조금이나마 도움이 되고자 특강 연사로 활동하며 그들의 경험을 공유해 준다. 과학 진로도 과학관이나 교육청 등에서 개최하는 노벨상 해설 강연부터 뇌공학이나 인공지능 등 사회 전반에 영향을 주는 수많은 과학 기술에 대한 대중강연을 활용할 수 있다. 전문가들을 초청하여 청소년들과 시민들이 만날 기회를 제공하는 문화행사 형태도 많다. 그 밖에도 한국연구재단이나 한국과학창의재단, 아시아태평양이론물리센터(APCTP) 등에서도 온·오프라인을 통해 많은 정보를 제공하고 있다. 조금만 관심을 가지고 주변을 살펴보면 내가 생각하는 진로와 미래 직업에 대한 필요한 정보를 얻을 수 있다. 스스로 정보를 획득하는 능력을 갖추면 더욱 좋다.

이처럼 조금만 주변을 둘러보면 내 꿈을 도와줄 정보들이 너무나도 많고 쉽게 얻을 수 있음을 알 수 있다. 우린 그 꿈을 향해 나아갈 열정과 실천할 수 있는 마음가짐을 가져야 한다. 무언가 실천하는 것은 나의 열정과 노력에 비례한다. 그것이 나의 미래의 모습을 만들며, 나아가 꿈을 구체화하는 직접적인 해결 방법이 될 수 있다.

미래의 힘, 콘텐츠의 힘, 진로는 내 안의 콘텐츠를 만드는 과정

1

⋮

어쩌다
과학 유튜버가 되었나?

띠디디디딕! 띠디디디딕! 아침 9시. 알람이 울렸다. 알람을 끄고 바로 크리에이터 스튜디오 앱을 실행한다. 나의 유튜브 채널 통계들을 확인할 수 있는 앱이다. 내가 자는 동안 어떤 댓글이 달렸을까? 조회수는 얼마나 나왔을까? 구독자수는 얼마나 늘었을까?

매일 아침 유튜브 앱과 함께 하루를 시작하는 것이 나를 포함한 유튜버의 대부분 일상이다. 특히 나는 댓글에 관심이 많다. 구독자들의 댓글에서 새롭고 참신한 아이디어를 얻을 때도 많고 무엇보다 나의 영상에 대한 피드백을 가감 없이 가장 솔직한 형태로 만날 수 있기 때문이다. 또한 구독자와의 소통은 또 다른 영상으로 이어지고 결국 유튜버로서의 나의 생명력을 지속시키는 힘이 된다.

요즘 우리 친구들 사이에서도 '유튜브'가 미래 직업으로 인기가 많다. 난 어쩌다 과학 유튜버가 되었을까?

최근 들어 인터뷰나 강연 요청이 많은데, 그때마다 항상 받는 질문도 "어쩌다 과학 유튜버가 되었나요?"이다.

고등학교 시절 내가 다니던 학교는 과학 중점 학교였다. 그래서 과학 분야에 많은 활동 기회가 있었다. 활동 중에는 주말마다 근처 대학교에 가서 실험을 하는 활동이 있었다. 고등학교에서 진행하기에는 난이도가 높거나 힘든 실험이 대부분이었고, 새롭고 창의적인 실험도 많았다.

어릴 때부터 호기심이 많고 사차원이라는 이야기를 자주 듣던 나는 무엇이든 독특하고 쉽게 접하기 어려운 일에는 더 호기심을 갖고 덤벼들었다. 동물 심장 해부, 비싼 화학약품을 이용한 화학 실험 등. "내가 이런 실험을 하게 되다니" 새롭고 창의적인 실험들은 날 매료시키기에 충분하였다.

그렇게 실험에 빠져 고등학생 시절을 보내면서 난 어느새 과학을 전공하는 것이 너무나도 자연스러운 모습으로 변해 있었다.

당연히 전공도 과학, 발효 분야를 선택하였다. 대학교에 가서 나는 학과 연구소의 문을 두드렸다. 연구소 이름은 발효공학연구실! 그곳에서 한약재와 곰팡이균 발효로 얻은 물질을 이용해서 식중독균을 물리치는 광경을 볼 수 있었다. 발효를 이용한 음료와 음식을 만드는 것도 무척이나 흥미로웠다. 발효는 미생물들이 하는 생화학 반응의 일종이다. 그러다 보니 미생물을 관찰하고 반응을 확인하는 고가의 장비들이 연구실에 즐비해 있었다.

"내가 이런 귀한 실험을 하다니" 실험을 진행하면서 그 결과를 기록해야겠다는 생각이 들었다. 처음에는 실험을 하면서 알게 된 것들과 각 실험 장면을 영상으로 담았다. 그러다 조금 더 발전시켜 주제를 정한 후 과학적으로 접근하는 방법들을 영상으로 하나씩 만들었다.

늘 새로운 것에 흥미를 가졌던 나는 마침 영상을 올리기 적합한 미디어 유튜브에 관심을 두고 있었다. 그래! 바로 이거야!

먼저 계정을 만들고 하나씩 나만의 과학 관련 영상들을 올리기 시작하였다. 그러던 어느 날 몇몇 영상들이 유튜브 메인에 노출되었다. 이어 조회수 증가와 구독자 상승이 빠르게 이어졌다. 영상에는 시청자들의 댓글이 달리기 시작하였고 수많은 구독자들이 영상에 대한 피드백을 보내 주었다.

누군가에게 영상을 보여 주기 위한 용도는 아니었지만, 유튜브를 하면서 내가 아는 것을 누군가와 나누는 것의 행복을 깨닫게 되었다. 또 누군가가 나를 응원하고 내가 관심을 갖고 있는 것에 함께 동참하고 있다는 것이 알게 모르게 내게 힘을 주었다. 나는 계속해서 영상을 만들어 나갔다. 그렇게 꾸준히 하다 보니 어느 순간 '지식인 미나니'라는 유튜브 채널이 과학 유튜브 채널로 자리를 잡기 시작하였다.

과학적 관심과 호기심에서 시작된 일이 어느 순간 나의 진로의 방향을 이끌고 있었다. 그렇게 자연스레 나는 유튜버가 되었다.

연구실에 있는 동안 나는 교수님에게 이런 말을 자주 들었다. "'왜?'라는 생각을 계속 해라. 실험 결과가 잘 나오면 '왜? 잘나오지?' 실험 결과가 안 나오면 '왜? 안나오지?'"라고 말이다. 그렇게 계속 왜? 왜? 하다가 일상에서도 '왜?'라는 질문을 하게 되었다. 예를 들면, '옆에 앉은 친구는 왜 다리를 떨지?', '칠판을 손톱으로 긁으면 왜 듣기 싫지?', '빨래를 하고 나면 왜 양말 한 짝이 자주 없어지지?' 등을 스스로에게 질문하게 되었고 해답을 찾기 위해 관련 연구자료를 찾는 버릇이 생겼다. 그리고 그것을 유튜브 영상으로 만들기도 하였다.

지금은 일상의 호기심에서 더 나아가 공상적인 호기심과 질문으로 영상을 만들고 있다. 예를 들면, '만약 지구가 반대로 자전한다면?', '만약 사막을 테라포밍해서 숲으로 만든다면?', '만약 쓰레기를 용암이나 우주에 버린다면?' 등이다. 돌아보면 나의 모든 콘텐츠는 호기심과 질문에서 시작되었다.

콘텐츠의 원천 '호기심'

만약 지구가 반대로 돈다면?

화산에 쓰레기를 버린다면?

2019년 노벨 화학상 수상자인 요시노 아키라 박사는 다른 무엇보다 호기심을 가장 강조하였다. "쓸데없는 일을 많이 하지 않으면 새로운 것은 태어나지 않는다. 자신의 호기심을 바탕으로 새로운 현상을 찾기 위해 열심히 할 일이 필요하다."라고 강조하면서, "우리 모두에게는 어린 시절 무엇인가가 계기가 되어 미래를 결정하는 시기가 반드시 온다. 일본에서 다양한 화제들이 만들어져 어린아이들에게 그런 계기를 만들어주면 좋겠다."라고 덧붙였다.

『리틀벳, 세상을 바꾼 1000번의 작은 실험』이라는 책에서는 애플의 스티브잡스, 아마존의 제프 베조스 등 유명인들에 관한 일화를 소개하고 있는데, 이들에게도 호기심이 진로를 결정하는 데 큰 영향을 미쳤다는 것을 알 수 있다. 이 책에서 이들은 어떤 생각을 가지고 일하는지, 어떤 생각으로 세상을 관찰하는지를 연구하였는데, 이들은 시작부터 거창한 무언가를 하려고 하기보다는 사소한 것들, 즉 작은 것들을 여러 가지로 시도해 보고 거기에서 생긴 실패들을 하나씩 모아 해결한 뒤 결국엔 실패 없는 도전을 하였다고 한다.

지금의 유튜브를 있게 한 구글도 마찬가지였다. 구글의 창업자 래리 페이지와 세르게이 브린도의 말에 따르면 처음 구글을 만들려던 목적은 스탠퍼드 대학교의 도서관에 있는 책들을 디지털화하는 프로젝트에서 발생한 사소한 문제들을 해결하기 위해서였다고 한다. 이 과정에서 온라인 도서관의 책 순위를 정하는 알고리즘을 만들다가 '세계의 모든 정보를 체계화한다면'이라는 아이디어가 떠올랐고, 그것이 바탕이 되어 지금의 구글을 만들게 되었다고 한다.

이들의 공통점은 무엇일까? 바로 '호기심'이다. 호기심은 지금 내가 관심을 갖고 있는 것에 대한 확장된 미래를 보여 주는 시작점이다. 호기심은 무언가를 이룰 동기가 되고, 무언가를 할 수 있는 힘의 바탕이 된다.

지금 내 앞에 있는 호기심은 무엇인가?

나는 과학 유튜버?
아니 과학 콘텐츠 제작자

　여기까지만 보면 나는 과학 영상을 만드는 한 유튜버일 뿐이다. 그러나 나는 나 스스로를 과학 콘텐츠 제작자, 과학 1인 미디어 제작자라고 말하고 싶다. 과학 관련 주제로 영상을 만드는 일이 전부가 아니라 과학을 하나의 도구로써 세상에 일어나는 모든 일들을 과학적으로 해석하고 그 해석의 방법과 결과를 영상, 강연, 책 등을 통해 대중과 소통하기 때문이다.

　20세기 과학기술은 소프트웨어의 발달과 함께 통신의 급속한 성장이 주도하였다고 할 수 있다. 그렇다면 2000년대를 특징 짓는 키워드는 무엇일까?

대표적으로 4차 산업혁명을 이끄는 인공지능의 발달을 꼽을 수 있다. AI(인공지능)의 발달로, 로봇이 고흐와 피카소의 그림을 순식간에 그대로 그려 내는 것이 가능해졌으며, 모차르트와 베토벤의 음악을 바로 연주하는 것에서 나아가 새로운 음악을 만들어 내는 것도 가능한 시대가 되었다.

그동안 인간만이 할 수 있던 많은 일들을 AI가 대체할 수 있게 되면서 직업 세계 또한 큰 변화를 예고하고 있다. 예전에는 직접 사람이 운전대를 잡아야 하였지만, 자율주행 자동차의 개발로 운전자 없이 자동차를 타고 이동할 수 있게 되었고, 사람이 운반해 주던 물건도 드론이 대신하여 택배 업무를 하는 기업도 생겨났다.

이처럼 4차 산업혁명 시대의 변화는 우리 삶의 많은 것을 바꾸고 있다.

또 하나 미래 사회의 큰 변화로 콘텐츠의 힘을 꼽을 수 있다. 4G를 넘어 5G 시대가 되면서 콘텐츠는 단순히 데이터를 넘어 소통과 융합의 시대 변화를 보여 주고 있다.

그 변화에 가장 선두에 있는 것이 유튜브라고 할 수 있다. 흔히 미디어와 관련된 직업에서만 콘텐츠가 중요하다고 생각할 수 있지만, 콘텐츠를 만들고 가공하고 연결하는 능력은 미래 사회에서 경쟁력을 갖추기 위한 필수 역량이라고 할 수 있다.

오늘날 우리 친구들이 많이 하는 SNS 활동을 비롯하여 자신을 소개하고 표현하는 것도 콘텐츠이다. 그리고 여기에는 공통적으로 공감을 불러오기 위한 소통이 있다.

　유튜브도 이와 마찬가지로 다양한 콘텐츠의 융합으로 이루어지며, 무엇보다 커뮤니케이션을 강조한다. 또한 콘텐츠는 과학뿐만 아니라 예술, 문화, 문학 등 거의 모든 진로의 영역과 연결되어 있다. 이것은 콘텐츠와 소통이 만나 새로운 영역을 만들기 때문이다.

　과학을 주제로 하는 유튜버 가운데서 과학을 전공하지 않은 사람들도 많다. 예를 들면, 팟캐스트 과장창(과학으로 장난치는 게 창피해?)의 출연진 중 윤태진은 과학 비전공자이다. 전공자는 아니지만 과학이 너무 재밌고 과학으로 소통하는 것이 즐거워서 과장창에서 활동하게 되었다고 한다. 윤태진을 비롯한 과장창 방송 멤버들의 과학 이야기는 일상에서 경험하는 일들과 밀접한 에피소드들이 많다. 일상의 경험을 콘텐츠로 만들어 생생한 이야기로 공감을 불러일으키는 것이다. 콘텐츠에 소통을 더하였을 때 그 가치가 빛을 발하는 것이다. 이러한 의미에서 유튜버는 단순히 영상을 제작하는 것이 아닌 콘텐츠 제작자인 동시에 커뮤니케이터라고 할 수 있다.

　물리와 화학의 과학사를 다루는 과학 유튜버 '과학쿠키' 채널 운영자이자 과학 콘텐츠 제작자 이효종도 비슷한 이유로 유튜브를 시작하였다고 한다. 과학쿠키 이효종은 유튜브를 하기 전에 물리 선생님이었다. 학생들에게 과학이 왜 만들어졌는지, 어떤 목적으로 만들어졌는지, 과거에 과학은 어땠는지 등을 재미있게 알려주고 싶어 학교 수업용 영상 자료를 만들다가 유튜브를 시작하였다고 한다. 결국 과학을 소통으로 연결하기 위한 도구로 유튜브를 이용한 것이다. 과학쿠키 외에 '안될과학', '긱블', '공돌이 용달', '과뿐싸' 등 모두 각자의 경험과 신념을 표현하기 위해 과학 콘텐츠를 만드는 유튜버가 되었다.

해외에서 수년간 자신의 집 주변에 사는 곤충을 채집해 온 할머니의 사례도 좋아하는 것을 콘텐츠로 만들어 소통한 좋은 예이다. 할머니는 곤충과 식물들에 대한 사랑을 사람들에게 소소하게 소개하다가 더 많이 알리고 싶은 마음에 과학 유튜버, 곧 과학 커뮤니케이터가 되었다. 이 할머니의 곤충과학 이야기를 듣기 위해 직접 곤충을 채집하여 관찰하기도 하고 집에 가져가서 키우는 수많은 어린이와 어른들이 있다고 한다.

단순 영상에 콘텐츠를 더하면 이렇게 힘을 발휘하게 된다. 다시 말해 콘텐츠는 단순히 콘텐츠로서뿐만 아니라 이를 만드는 사람과 콘텐츠를 보는 사람이 서로 상호작용하게 하는 힘을 만든다. 누군가는 콘텐츠로 몰랐던 정보를 알게 될 수 있고, 누군가는 감동을 받을 수 있고, 누군가는 해결하지 못하였던 일을 해결할 동기를 얻을 수도 있다. 여기서 더 나아가 보는 사람끼리도 서로 공유하며 상호작용할 수 있게 된다면 무한한 힘을 가지게 된다.

한 유명 고민/심리 상담사가 있었다. 과거부터 자신의 우울증 치료기를 공유 목적이 아닌 일기 형식으로 블로그에 기록해 왔는데 이 기록들이 수많은 사람들에게 읽히고 공유되면서 매일 100명 이상의 사람들이 조언과 위로의 편지들을 보내왔다고 한다. 특이한 것은 조언과 위로를 해주는 사람들이 쓴 편지 맨 마지막에 이런 문장들이 있었다고 한다.

'어? 쓰다 보니 나한테도 필요한 말이었네?'

우연하게도 조언자가 다시 조언을 받는 일이, 조언을 받는 사람이 다시 조언을 하는 일이 발생하였다. 이것으로 서로가 서로에게 도움이 되었고 자연스레 콘텐츠 생산이 이루어졌다. 글뿐만 아니라 영상도 마찬가지다. 영상을 통해 시청자와 의견을 주고받고 생각을 공유하고 또 다른 사람들에게 영향을 끼치면 좋은 콘텐츠가 되는 것이다.

만약 우리 친구들이 과학 콘텐츠를 만들고 싶다면, 꼭 과학 전공자가 아니어도 시작할 수 있다는 것을 알았으면 한다. 과학에 관심이 많고, 과학적 접근법을 행할 수 있다면 누구나 과학 커뮤니케이터이자 과학 콘텐츠 제작자가 될 수 있다. 만일 과학 콘텐츠를 만들고 싶다면, 먼저 콘텐츠를 통해 어떤 내용을 논리적으로 전달할지 확실히 해야 한다. 이어 전하고자 하는 과학적 내용이 정확한지, 논란거리는 없는지 최선을 다해 검토해야 한다. 만약 잘못된 과학적 사실이나 논리로 콘텐츠를 만들면 해당 콘텐츠를 소비한 수많은 사람들에게 잘못된 정보를 알려주게 되기 때문이다. 과학 콘텐츠에만 국한된 것이 아니다. 모든 콘텐츠에 해당된다.

우리는 모두 나만의 이야기를 가지고 있다. 내가 만들 수 있는 나만의 콘텐츠는 무엇일까?

우리만의 이야기, 나만의 이야기로 콘텐츠를 만들어 보자. 진로는 나만의 콘텐츠, 나의 이야기를 만들어 가는 하나의 과정이다.

3

**우연한 기회가
일생일대의 기회를 만든다**

　주변 사람들이 나에게 흔히 물어보는 질문 중 하나는 '유튜브
를 시작할 때 시대적 흐름을 어떻게 미리 읽었느냐'에 대한 것이
다. '앞으로 영상 시대로 갈 것이라는 미래의 흐름을 읽고 미리 시
작한 것이다!'라고 하면 많은 사람들이 나를 우러러보겠지만, 결
코 나의 경험과는 너무나 먼 이야기이다. 왜냐하면 나는 단순히
취미로 영상을 시작하였기 때문이다. 그렇게 영상을 만들고 영상
에 내 전공과 이야기들을 넣어서 하다 보니 직업으로 연결된 것이
다. 내가 유튜버가 될 것이라고는 나 조차도 상상하지 못한 일이
었다.

우리 친구들도 하고 싶은 일들이 있을 것이다. 그것이 현재의 직업군에 없을 수도 있고, 진로와는 도무지 연관지을 수 없는 것들도 있을 것이다. 어떤 친구는 게임을 좋아하고, 어떤 친구는 노래 부르고 춤 추는 것을 좋아하고, 또 어떤 친구는 그림 그리는 것과 친구들의 고민 상담을 해 주는 것을 좋아할 수 있다. 자신의 진로를 찾기 힘들다면, 우선 지금 좋아하는 일을 찾아라! 그리고 그것을 꾸준히 열심히 의미 있게 해 나가라! 그렇게 하고 싶은 것을 하다 보면 그것이 나의 진로의 방향을 일러줄 수도 있고, 나의 직업이 될 수도 있다. 어쩌면 내가 전혀 생각하지 못한, 더 넓은 세상으로 인도하는 첫걸음이 될 수 있다.

그런데 많은 친구들이 어릴 때부터 공부에만 집중하다 보니, 자신이 좋아하는 것조차 모르는 경우가 많다. 그럴 때는 내가 궁금해하고 호기심을 가질 만한 일부터 찾아보자.

앞에서 이야기한 것처럼 나는 연구실에서 실험하던 장면들, 공부하면서 알게 된 것들을 영상으로 만드는 것을 취미로 하였다. 나의 호기심을 해결하기 위해 논문을 찾고 기사를 찾으면서 과학적 접근법으로 다가가던 것을 영상으로 만들어 유튜브에 올리다 보니 어느새 과학 유튜버가 되었다. 나의 호기심이 나의 진로, 나의 직업을 만든 원동력이 된 것이다.

과학 유튜버가 된 이후에는 늘 호기심을 가지고 세상을 바라

보기 시작하였다. 세상 일에 관심을 가지고 새로운 기술, 새로운 행사가 있으면 가능하면 써 보고 참여하려고 노력하였다. 다르게 말하면 계속 도전한 것이다.

세상에 관심을 가지다 보니 책에도 관심이 생기기 시작하였다. 유명 오프라인 서점이나 유명 온라인 서점에 가면 베스트셀러 공간이 있는데, 이곳을 유심히 보면 요즘 사람들이 어디에 관심이 많은지 알 수 있다. 나는 주로 과학 분야, 인문 분야의 책을 매달 4~5권씩 사서 읽는데, 때로는 잡지책, 다른 특정 분야의 책을 접하면서 내가 모르는 새로운 세계를 만나는 기쁨을 누린다. 요즘은 매스미디어의 발달로 일정 시간만 투자하면 얼마든지 간접 경험을 할 풍부한 자원들이 널려 있다. 이러한 간접 경험은 나에게 날마다 새로운 호기심과 도전 정신을 가져다 주었다.

이렇게 책읽기와 세상에 대한 관심, 여러 행사 참여 등의 경험이 쌓이면서 나의 유튜브 채널은 점점 진화하였다. 그러던 어느 날, 내가 소속되어 있던 CJ E&M DIA TV의 도움을 받아 당시 미래창조과학부 산하 스마트미디어산업진흥협회에서 진행한 평창 ICT 동계올림픽 홍보 및 콘텐츠 제작에 소셜캐스터 참여 제안이 왔다.

당시 우리나라는 평창 동계올림픽을 준비하면서 5G, UHD,

IoT, AI, VR의 5가지 K-ICT를 선보일 계획이었다. 나는 평소에 평창동계올림픽과 5대 ICT 기술에 관심을 가지고 있었기 때문에 당장 소셜캐스터 활동 제안을 받아들였다.

평창동계올림픽이 시작되던 날, 나는 대한민국 마스코트인 수호, 반다비와 함께 경기장 주변에 지어진 각국 올림픽 하우스를 돌며 세계 여러 나라의 선수들, 국민들과 콘텐츠 촬영을 진행하였다. 그리고 관련 콘텐츠 상도 수상하는 기쁨을 누렸다. 이 소셜캐스터 활동으로 나는 뜻하지 않았던 큰 이력을 하나 갖게 된 것이다.

내가 이 기회를 잡을 수 있었던 것은 평상시에 그 분야에 꾸준히 관심을 가지고 있었기 때문이다. 그러다 보니 특정 분야에서 제안이 들어올 수 있는 기회를 마련하였고, 또 그 기회가 왔을 때 기회를 바로 잡을 수 있게 된 것이다.

그리고 또 하나! 여기서 무엇보다 중요한 것은 새로움을 반기고 시도하는 것이다. 아무리 내가 여러 방면으로 관심을 가지고 정보를 많이 가지고 있다고 한들 내가 귀찮아서 '안 해요'라고 하였다면 올림픽에 갈 수 있었을까?

제11대 하버드 교육대학원 학장이었던 제임스 라이언은 항상 5가지 질문을 스스로에게 던지라고 하였다.

스스로에게 던지는 다섯 가지 질문

첫째   "잠깐, 뭐라고요?"

둘째   "이건 뭘까?"

셋째   "내가 적어도~는 할 수 있지 않을까?"

넷째   "내가 어떻게 도와줄까요?"

다섯째   "무엇이 가장 중요할까?"

첫째 질문은 제대로 이해하고 확인하라는 의미이다.

둘째 질문은 호기심을 가지고 탐구하라는 의미이다.

셋째 질문은 가능성을 가지고 도전하라는 의미이다.

넷째 질문은 상대방의 입장에서 생각하라는 의미이다.

다섯째 질문은 항상 핵심을 잃으면 안 된다는 의미이다.

모두 중요한 질문이지만 나는 이 중에서도 두 번째 질문과 세 번째 질문이 가장 중요하다고 생각한다. 두 번째 질문은 내가 늘 말하는 것과 같다. 호기심이다. '궁금한 것이 있는데 이건 이렇게 하는 것인가?, 저건 저렇게 하는 것인가?, 왜 가능할까?' 등등 말이다.

셋째 질문은 호기심에 이어 도전과 관련된 것이다. "내가 모든 것을 할 수 있을지는 잘 모르겠지만 적어도 이거 한 가지는 할 수 있지 않을까?" 하는 마음가짐이다. 이렇게 적어도 한 가지씩 시도하다 보면 점점 용기를 가지고 더 크고 더 새로운 도전을 할 수 있게 된다.

기회는 우연히 찾아오지만, 그 기회를 잡을 수 있는 것은 우연만으로는 부족하다.

내 앞에 기회가 왔을 때 반갑게 손을 잡기 위해서는 지금 바로 나를 위한 무언가를 시도해 나가야 한다.

결국엔
사람의 마음을 얻는 일

유튜브가 조금씩 사람들의 관심을 끌던 초창기에는 아프리카 TV가 한창 유행하고 있었다. 지금 매우 유명해진 유튜버 대도서 관 등이 자리를 잡아가는 때였고, 게임 장르 방송이 인기가 많은 시절이었다. 그런데 아프리카TV는 라이브 방송 플랫폼이기 때문 에 BJ가 라이브할 때 보지 않으면 제대로 찾아보기 힘든 단점이 있었다. 그러자 BJ가 영상의 재미있는 부분들을 편집해서 유튜브 에 따로 올리기 시작하였다. 덕분에 나를 포함한 수많은 사람들 이 유튜브에서 마치 재방송을 보듯이 영상들을 시청할 수 있게 되 었다.

또 공교롭게도 이때 스마트폰이 널리 보급되기 시작하였다.

갤럭시 s가 나왔고 아이폰이 나오고 HTC one, 옵티머스가 출시되면서 폰으로도 유튜브를 볼 수 있게 되었다.

그런데 한 가지 문제점이 있었다. 유튜브 초창기에는 조회수만 잘 나오면 무조건 좋은 것이었다. 조회수만 많이 나오면 구독자수도 빠르게 늘고 무엇보다 수익도 많이 들어왔기 때문이다. 그러다 보니 소리를 지르고 욕설을 하면서 자극적으로 게임을 플레이하거나 중계하면서 방송을 진행하는 유튜버도 있었다. 낯뜨거운 방송, 저작권을 무시한 방송 등도 늘어났다.

지금은 어떤가? 자극적인 영상들이 있기는 하지만, 그런 채널들은 이미 많이 삭제되었고 수익 창출이 끊기는 등 점점 설 자리를 잃어가고 있다.

내 유튜브 채널에 어느 정도 구독자가 생기자 나도 어떤 유튜버가 되어야할지 고민을 하기 시작하였다. 내가 내린 결론은 '자극적인 주제로 영상을 만드는 것이 아니라 정보와 진정성, 공감대를 형성할 수 있는 콘텐츠를 만드는 유튜버가 되자'였다.

'정보'는 과학 유튜버로서 올바른 과학적 지식을 제공하는 것에 초점을 두었다. '진정성'은 과학을 하나의 도구로 이용해 올바른 지식, 재미, 공공성을 제공한다는 사명감을 가지는 것이다. 마지막으로 '공감대'는 말 그대로 공감이다. 아무리 영상을 재미있게, 신기하게 만든다고 하더라도 결국 재미있다는 공감, 신기하다는 공감대가 형성되지 않으면 사람들은 보지 않는다.

　제일기획 크리에이티브 디렉터 이채훈은 자신의 책 『크리에이티브는 단련된다』에서 이렇게 말하였다.

　"혁신적인 아이디어, 시대를 앞서가는 아이디어를 이야기할 때 제일 중요하게 따져야 할 부분이 바로 '공감이 탑재되었는가'이다. 나만 아무리 기발하다고 주장해 봤자 대중의 반응이 없거나 상품성이 떨어져 매출로 이어지지 않는다면 그 아이디어는 좋은 아이디어가 될 수 없다. (중략) 박수받는 크리에이티브를 잘 살펴보면 '낯섦'은 어디까지나 양념에 불과하다. 메인 재료는 누구나 공감할 수 있는 '익숙함'이다."

　그럼 나는 어떻게 공감대를 형성하는 콘텐츠를 만들었을까? 콘텐츠를 만드는 것은 많은 사람들이 궁금해하는 것에 대한 답을 찾는 과정이다. 사람마다 관심사와 정도의 차이는 있지만 누구에게나 호기심, 즉 궁금한 '무엇'은 있다. 그래서 그 무엇을 해결하는 콘텐츠를 만들기로 하였다. 그것을 해결하는 데 사용한 도구가 바로 과학인 것이다.

　과거에는 일상에서 일어나는 일들을 관찰하다가 또는 영화를 보면서 생긴 궁금증들을 과학적으로 해석하는 콘텐츠를 만들었다. 주제 선정 방법은 단순하였다. 학교에서 수업을 듣고 있는데 옆에 앉아 있는 친구가 다리를 떨고 있었다. 나는 그 모습을 보고 노트에 '다리는 왜 떠는 것일까?'라고 적었다. 누군가 칠판을 긁었는데 '끼이익' 하는 소리가 났다. 주변에 친구들이 으윽! 하면서 귀를 막았다. 그때 나는 노트에 '칠판 긁는 소리는 왜 듣기 싫을까?'를 적어 두었다. 어느 날은 영화관에 갔다. 영화 제목은 '캡틴 마블'. 영화 속 주인공은 마침내 광속으로 날아가는 엔진을 만들었고 우주선을 타고 광속으로 날아갔다. 그리고 나는 노트에 적었다. '진짜 광속 엔진을 만들 수 있을까?' 이렇게 모든 사건에 '왜?'라는 의문을 달자 콘텐츠의 주제가 완성되었다.

이렇게 주제로 쓸 질문을 정하면 해당 질문에 맞는 과학적 근거들을 찾는다. 학술 검색 사이트에서 국문이나 영문으로 되어 있는 논문을 찾기도 하고 국내 또는 해외 과학 뉴스 등에서 관련 연구를 한 내용이 있는지 찾아본다.

관련 근거자료를 찾았다고 끝이 아니다. 같은 내용을 여러 가지 찾아서 서로 다른 말을 하는 글이 있는지 확인해야 한다. 일명 크로스 체크. 크로스 체크가 완료되면 근거 자료를 토대로 나만의 스토리를 만드는 작업을 해야 한다. 그리고 촬영과 편집으로 영상 콘텐츠를 만들면 드디어 하나의 영상 작업이 마무리된다.

가장 중요한 것이 남았다. 일상에서의 궁금함을 콘텐츠로 만들면서 초반에는 구독자수나 조회수가 증가하였지만 점점 식상해진 것인지 다른 비슷한 채널들이 생겨서 그런 것인지 증가 폭이 감소하고, 어느 날은 구독자가 감소하는 날도 있었다. 고민의 연속이었다.

'무엇이 문제일까?'

그렇게 고민을 거듭하다가 기존에 아이디어를 냈던 방식에 '상상력'을 포함시켰다. 콘텐츠 시리즈는 '만약에' 시리즈! 예를 들면 '만약에 지구의 산소 농도가 2배가 되면 어떻게 될까?', '만약에 쓰레기를 화산에 버리면 괜찮을까?', '만약에 사막을 테라포밍해서 숲으로 만들면 어떻게 될까?' 등이다. 이렇게 콘텐츠 주제에 새로운 변화를 주자 구독자수는 물론 조회수도 상당히 높아졌다. 구독자 7~8만 사이에서 허덕였는데 순식간에 9만 명을 넘겼다. 마치 시간이 흐르면 방송 트렌드나 패션 트렌드가 바뀌듯 지금 내 콘텐츠 주제의 방향성을 조금씩 바꾸어 나간 것이다.

늘 같은 방식, 늘 비슷한 주제는 뚝심 있고 전문성 있어 보이기도 하지만 사람들이 식상해할 수도 있다. 특히 콘텐츠 분야에서는 사람들이 지금 읽고 싶어하는 것을 찾을 수 있어야 한다. 즉 지금 함께 공감할 수 있는 것이어야 한다.

특히 미래 사회에서는 더 많은 것이 더 빠르게 변화해 나갈 것이다. 우리가 진로를 정할 때에도 많은 것이 바뀌어 있을 수 있다. 지금 내가 좋아하고 하고 싶은 것을 충실히 해나가면서 주변에도 시선을 돌려 친구들은 무엇에 관심이 있는지, 사회는 어떤 방향으로 흘러가고 있는지, 세계 트렌드는 어떤지 꾸준히 관심을 갖도록 하자. 이러한 관심 속에서 여러 사람이 공감할 만한 콘텐츠나 아이디어를 생각해낼 수 있고, 그 속에서 나의 진로를 발견하고 발전시켜 나갈 수 있을 것이다.

5

나를 브랜딩하고
나의 위치를 찾는 일

유튜브가 세간의 관심을 받기 시작하고 관련 산업이 커지기 시작하면서 TV 프로그램이나 CF/광고에 유튜버들이 한두 명씩 나오기 시작하였다. 가장 많이 등장한 유튜버는 (아마 독자 여러분들도 짐작하였겠지만) 대도서관이다. 그는 EBS Job쇼, JTBC 랜선라이프, 삼성 등의 기업광고, 영화 '엑시트' 출연 등 마치 연예인 같은 활동을 이어 나가고 있다. 다른 유튜버나 BJ, 스트리머와는 무엇이 다르길래 방송에 나오는 것일까? 간단히 말하면 브랜딩이 완성되었기 때문이다. 우선 그는 개인 방송에서 욕설이 없는, 채팅창에서조차 욕이 없는 깨끗한 방송을 진행하는 것으로 유명하다. 게다가 말도 잘하고 진행 능력도 있다. 얼굴까지 공개하였으니 신뢰도도 높다. '남녀노소가 볼 수 있는 방송을 하는 진행력 있는 크리에이터'로 브랜딩이 된 것이다.

그럼 나는 어떻게 브랜딩을 만들었을까? 처음에는 어떻게 해야 할지 몰라 일단 얼굴부터 공개하였다. 적어도 자막과 영상만 올리는 타 채널과 차이점을 둘 수 있고 또 신뢰성도 높일 수 있다고 생각하였다. (얼굴을 드러내고 무언가를 한다는 것은 자신 있다는 의미이기도 하다.) 그러나 어떻게 세상에 '나는 과학유튜버 아니 괴짜/일상 과학 유튜버다'라는 것을 알릴지 막막하였다. 아직 유명하지 않았기 때문이다.

그러던 어느 날 우연한 기회로 브랜딩을 아주 잘하는 키즈 유튜버를 만나게 되었다. 그는 나의 동네 주민이기도 하였다. 나는 그렇게 두 딸의 아버지인 유튜브 채널 루루체체 송태민 형을 만나 아주 빠른 속도로 괴짜 과학 유튜버, 일상에서 과학적 지식을 얻을 수 있는 유튜브 채널의 브랜딩을 가지게 되었다.

먼저 종종 나가는 강연이나 과학 관련 포럼에 연사로 참여하면 항상 사진을 남기고 블로그와 카페에 후기를 올려 두었다. 이어서 유튜버들을 취재하는 여러 기자들을 찾아 먼저 메일을 보내고 인터뷰를 적극적으로 하였다. 인터뷰에서는 항상 '괴짜', '일상 과학' 등을 강조하였다. 그렇게 카페나 블로그에 과학 관련 행사에 참여한 글들이 쌓이고 과학 유튜버로서 뉴스 기사와 비즈니스

나 자신을 '브랜딩' 하라

나 <지식인미나니> 이민환은
이런 사람입니다.

과학 커뮤니케이터

과학 크리에이터

잡지에 많이 인터뷰를 요청하고 적극적으로 참여하는 경험을 쌓아나갔다.

그러던 어느 날 놀라운 일들이 벌어지기 시작하였다. 뉴스 기사와 잡지를 보는 기업 측에서 과학적 요소가 들어간 제품들을 광고하기 위해 나에게 연락을 보내온 것이다. 광고만 들어온 것이 아니라 더 큰 규모의 강연 요청도 많이 들어왔다. 최근에는 그 영역이 확장되어 YTN 사이언스 과학 예능 프로그램에도 매주 고정 출연하는 기회를 얻었다. 유튜버 활동을 하면서 어느 정도 직업인처럼 수익을 낼 수 있게 된 것이다.

이렇게 나 자신이 브랜딩되면서 궁극적으로는 '나는 누구인가? 어떤 사람인가?'에 대답할 수 있게 되었고 자신감과 자존감이 높아졌다.

유튜버를 포함한 인플루언서들뿐만 아니라 모든 분야에서도 앞으로는 개인 브랜딩이 점점 필요해질 것이다. 혹시 긱 이코노미(Gig economy)라는 용어에 대해 들어보았는가? 매일경제용어사전 정의에 따르면 다음과 같다.

'빠른 시대 변화에 대응하기 위해 비정규 프리랜서 근로 형태가 확산되는 경제 현상. 1920년대 미국에서 재즈 공연의 인기가 높아지자 즉흥적으로 단기적인 공연팀(gig)들이 생겨난 데서 유래한 말이다.'

이 개념은 4차 산업혁명이 진행되면서 프리랜서들의 역할이 늘어나는 것을 단적으로 보여 주는 용어이다. 우리 친구들이 살 미래의 한 면을 보여 주는 개념이기도 하다. 현재 미국을 비롯하여 전 세계에서 긱 이코노미가 빠른 속도로 확산되고 있다. 본업이라는 개념이 없어지고 나의 능력, 나의 포트폴리오로 일거리를 받아 돈을 버는 시대가 올 것이다. 투잡이 아니라 N 잡을 하는 것이다.

이러한 사회, 경제 흐름에 편승하려면 개인 브랜딩이 잘 되어 있어야 한다. 나를 예로 들면, 마치 지식인 미나니(이민환) 하면 '과학 커뮤니케이터', '과학 크리에이터'가 떠오르고, 과학 실험, 과학 콘텐츠 제작, 과학 기술 홍보, 과학 강연 등이 연상 되는 것처럼 말이다.

우리 모두는 자신만의 장단점을 갖고 있다. 그리고 우리는 누가 시키지 않아도 장점을 더욱 부각시켜 키우고, 단점을 줄이려는 노력을 은연중에 하고 있다. 이것이 자기 브랜딩의 시작이다.

내가 잘하는 것, 잘할 수 있는 것에 좀 더 시간과 열정을 쏟을 준비가 되어 있어야 한다. 미래의 직업군은 우리가 예측하는 것보다 훨씬 더 다양한 모습으로 우리에게 올 것이다. 최첨단 과학 기술과 인공지능에 맞서 함께 살아가기 위한 나만의 장점을 찾아보자. 나를 브랜딩하는 일이 곧 미래의 나의 위치를 찾는 일이다.

내 직업은 내가 만든다, 진로는 취미를 직업으로 창조하는 과정

1

⋮

휴리스틱을 잘 활용하라!

'휴리스틱(Heuristics)'은 고대 그리스어로 "발견하다"라는 뜻을 지닌 단어이다. 과학 시간에 배운 것처럼 '실험의 과정과 결과에 따라 논리적인 단계를 거쳐서 판단을 내리는 것'이 아니라, 의사 결정의 지름길을 찾아 신속하게 즉흥적으로 결정을 내리는 것을 말한다. 완벽한 의사 결정을 하려는 것이 아니라 이용 가능한 정보를 활용하여 실현 가능한 결정을 하려는 것이 목적이다.

우리들은 지금까지 수많은 결정들을 내려왔고 앞으로도 끊임없이 어떠한 결정들을 내릴 것이다. 그런데 우리가 내리는 결정들을 하나도 빠짐없이 신중하게 내려야 한다면 어떻게 될까? 만약 그렇게 된다면 우리는 오래 버티지 못하고 쉽게 지쳐버릴 것이다. 휴리스틱이 필요한 것도 이 때문이다. 그럼 우리들은 휴리스틱을 주로 언제 활용할까?

예를 들어 우리가 온라인에서 어떤 물건을 빠르게 구매하고 싶을 때를 생각해 보자. 사려는 물건을 하나하나 천천히 비교할 수도 있겠지만, 평점이 좋거나 판매량이 높은 물건을 골라서 바로 사는 경우가 더 많다. 이것이 바로 휴리스틱에 의한 판단이라고 볼 수 있다. 평점이 좋거나 판매량이 많은 물건이 좋은 물건일 거라는 경험이 내 의사결정을 뒷받침하기 때문이다.

우리 아버지는 군인이었는데 군인이라는 직업의 특성상 2년에 한 번씩은 부대를 옮겨야 하였다. 이때 군인 가족들은 보통 두 가지를 선택할 수 있다. 군인인 본인만 홀로 이사를 하고 가족이 남아 있거나, 본인과 가족이 함께 이사를 하는 경우이다.

당시 우리 가족은 아버지와 떨어져 자립할 수 있는 여유가 없었기 때문에 우리는 다 같이 매번 이사를 해야만 하였다. 그렇게 나는 지금까지 17번이나 이사를 하였다.

이사를 자주 하다 보니 다른 지역에 갈 때마다 학교, 학원, 친구들이 매번 바뀌었다. 난 그럴 때마다 마치 밀림 속에서 생존하듯 빠르게 주변에 적응해야만 하였다. 그래서 나는 계획적인 삶보다는 즉흥적인 삶에 익숙해져 있었다. 만약 내가 새로운 환경에 적응하는 것을 포기하거나 힘들어하였다면 지금 나는 혼자만의 세상에 갇혀 살았을지도 모른다. 그래서 내 나름의 적응 전략은 '어디를 가더라도 잘 적응할 수 있도록 뭐든지 도전해 보자!'였다. 컴퓨터, 스포츠, 수리, 악기, 공예 등 언제 어디서든 써먹을 수 있도록 그때그때 즉흥적으로 하고 싶은 것을 배웠다. 이 시기에 경험한 풍부한 경험들은 현재 나의 직관적인 판단에 큰 도움이 되어 주고 있다.

이스라엘 텔아비브 대학의 마리우스 어셔 심리과학 교수가 이끈 연구진이 직관적인 선택을 하는 실험을 시행한 결과, 참가자들이 평균 90 %의 확률로 정답을 선택한 것으로 나타났다. 이 연구 결과는 직관이 놀라울 정도로 강력하고 정확한 도구가 될 수 있다는 것을 보여준다. 그렇다면 모든 선택에 직관을 이용하는 것이 좋은 것일까? 어떻게 하면 휴리스틱을 나의 무기로 만들 수 있을까?

휴리스틱을 훈련하는 첫 번째 방법은 '경험과 지식을 쌓는 것'이다. 만약에 지금 우리 친구들에게 '한·중·일의 프롤레타리아적 이데올로기 수용 과정'에 대해 어떻게 생각하는지 묻는다면 바로 대답할 수 있을까? 이건 마치 곱셈을 배우지 않은 학생에게 미분과 적분에 대해 질문하는 것과 마찬가지이다. 수학을 배우면 배울수록 수학 문제를 풀 수 있는 능력이 향상되듯이 다양한 경험을 많이 쌓으면 쌓을수록 내가 원하는 진로를 만들어갈 수 있는 선택 폭이 넓어진다.

사람은 평생에 일곱 번 정도 직업이 바뀐다고 한다. 때론 자신이 계획했던 직업을 가질 수도 있고, 즉흥적인 직업을 가질 수도 있다. 그때마다 올바른 휴리스틱을 발휘하기 위해서는 풍부한 경험과 지식이 바탕이 되어야 한다. 그러나 조심해야 하는 것은 경험이 핑계가 되어서는 안 된다는 것이다. 예를 들어 자신의 꿈이 과학자이니까 퍼즐게임을 하는 것도 꿈을 위한 경험이라고 하면서 밤새 게임만 하면 안 된다는 것이다.

우리 친구들이 지금 당장 자신의 진로를 잘 모르겠다고 해서 억지로 직업을 찾아서 정답을 내리지 않았으면 좋겠다. 지금 내가 할 수 있고 또 배울 수 있는 경험과 지식을 차근차근 쌓아둔다면 나중에 진로를 선택해야 하는 순간이 왔을 때, 저절로 휴리스틱이 발동될 것이다.

휴리스틱을 나를 위한 무기로 만들기 위한 두 번째 방법은 '잘못된 편견을 항상 경계해야 하는 것'이다. 혹시 '사후확신편향'이라는 말을 들어 보았는가?

사후확신편향은 어떤 사건이 지나고 난 뒤에 자신이 생각하기에 가장 그럴듯하게 해석하려는 편향이다. 다시 말하면 자기 합리화와 비슷하다. 수학 시험을 망쳤을 때, '내가 어려워하는 과학 시험이 같은 날에 있어서 집중을 못 했어!' 라고 생각할 수도 있고, '내가 예습 복습을 안 하고 문제를 한 번밖에 안 풀어봐서 그래'라고 생각할 수도 있다. 나도 이렇게 자신을 속이려고 했던 적이 자주 있었다.

휴리스틱은 생각의 지름길 이라고 했다. 내 결정이 잘못된 결과를 낳았을 때, 무엇이 진짜 문제였는지 되짚어 보는 과정이 필요하다. 하지만 이 편향은 그 과정을 생략해 버린다. 내가 분명 잘못했지만 상황을 모면하기 위해 자꾸 나를 속이다보면, 나중에는 그 거짓말이 진짜 내 기억처럼 변하게 된다. 그러다 보면 또 똑같은 상황에서 똑같은 실수를 하게 될 것이다.

우리 친구들의 진로는 항상 모든 것이 새로울 것이고, 모든 것이 도전이 될 것이다. 또 크고 작은 실패도 뒤따를 것이다. 그때마다 문제를 자세히 보려 하지 않고 자기 합리화를 하게 된다면, 실패 앞에서 성장을 멈추게 될 것이다. 나중에 어떤 문제가 생겼을 때, 아무리 내가 잘못한 것이 아니더라도 '내가 무엇을 잘못한 걸까?', '내가 어떻게 했으면 좋았을까?'라고 자신을 먼저 분석해 보는 습관을 기르는 것이 좋다. 훗날 그 습관은 친구, 부모, 연애, 학업, 일 모든 상황에서 나를 꾸준히 발전시킬 수 있는 힘을 줄 것이다.

우연과 운명 사이

시간이 흘러 어느새 나도 전기·전자공학을 전공하는 2학년 대학생이 되어 있었다. 도서실에서 전공 공부를 하던 도중 우연히 친구에게 문자 하나를 받았다. '레드불'이라는 세계적인 스포츠음료 회사에서 종이비행기 대회를 개최한다는 내용이었다. 마침 당시에 취미로 비보이를 즐겨 하던 나는 레드불이라는 브랜드에 관심이 있었고, 그 브랜드에서 주최하는 행사라고 하니 더 매력을 느꼈다.

솔직히 내게 종이비행기 대회는 전공이나 취업과는 아무런 관련이 없는 활동이었다. 초등학교 이후로는 종이비행기를 접거나 날려본 기억도 가물가물하였다. 그러나 그 순간에는 너무도 쉽게 결정을 내렸다. 단순히 해당 브랜드를 선호한다는 이유 하나 때문이었을지도 모른다. 당시에는 이 사건이 내 운명을 바꿔줄 계기가 될 것이라고는 생각도 하지 못하였다.

대회 당일, 대회장에서 나는 또 다른 우연을 만났다. 바로 종이비행기 오래 날리기 국가대표 이정욱 선수를 만난 것이다. 이정욱 선수와 많은 이야기를 하면서 곡예비행이라는 종목에 대해서 들을 수 있었다. 곡예비행기는 여러 대의 종이비행기를 제한된 시간 동안에 예술적으로 날리는 종목이다.

그렇게 나는 평소에 자주 보던 기본적인 형태의 종이비행기부터 생전 처음 보는 다양한 모양의 종이비행기들을 만나볼 수 있었다. 또 비행기들을 하나씩 날려보면서 평소에는 느끼지 못하였던 신선한 재미도 느낄 수 있었다. 그러다 문득 날아가는 비행기에서 나의 진로에 대한 가능성을 보았다.

당시 나는 비보이 활동을 통해 무대연출에 대한 지식이 어느 정도 있었다. 또 어릴 적 취미 활동으로 음악이나 공예 등을 배운 경험이 있었기 때문에 '종이비행기만 조금 연구하면 나도 쉽게 우승을 노려볼 수 있지 않을까?'라는 생각이 들었다.

무엇보다 그 순간 지금까지 여러 번의 이사를 통해 수없이 바뀐 환경 속에서 경험한 나의 다양한 취미들이 하나로 모이는 놀라운 기분을 느꼈다. 심장박동이 빨라지고 온몸에 소름이 돋는 것

을 느낄 수 있었다. 다른 사람들은 그냥 지나칠 법한 우연한 사건이 나에게는 운명처럼 다가오기 시작한 것이다.

하지만 현실은 가혹하였다. 아무리 비행기를 접어서 요령껏 잘 날려보아도, 내 비행기는 20미터도 채 날지 못하고 땅으로 곤두박질쳤다. 조종 또한 내 뜻대로 되지 않았다.

'분명 똑같이 접어서 똑같이 날리는데 내 비행기는 왜 이렇게 날지 못하는 걸까?', '내 손이 똥손인 건 아닐까?'라는 생각도 들었다. 그렇게 수십 번을 날리며 이류를 찾다가 한 가지 당연한 사실을 깨달았다.

'종이비행기도 비행기야. 비행기의 비행 원리를 알면 분명 잘 날릴 수 있을 거야!'

나에게 우연히 찾아온 종이비행기 대회는 자연스럽게 나의 운명으로 자리 잡았다. 하지만 종이비행기의 과학적 원리에 대해 알아보고 싶어도 종이비행기에 대해 알려주는 책은 초등학생을 대상으로 한 종이접기 관련 책들밖에 없었다. 비행기에 대해 전문적으로 알려주는 책에서는 종이비행기를 대상으로 한 항공역학을 다루지 않았다. 그때부터 나는 종이비행기에 대한 이론을 하나씩 정리하기 시작하였다.

매일매일 늦은 새벽까지 종이비행기를 접고 날리면서 항공역학과 유체역학을 공부하였고, 종이비행기를 위한 비행 원리를 이해하기 위해 다양한 이론들을 연구하고 정리하였다. 그렇게 종이 비행기의 비밀을 파헤치다 보니 어느새 나도 모르게 종이비행기에 푹 빠져 버린 '종이비행기 덕후'가 되어 있었다. 그리고 드디어 '종이비행기 국가대표'가 되었다.

'만약 내가 어린 시절 춤을 추지 않았더라면?'
'음악이나 공예를 배우지 않았더라면?'
'종이비행기 대회 문자 한 통을 받지 못하였더라면?'
'대회장에서 이정욱 선수를 만나지 않았더라면?'
'공대에 진학하지 않았더라면?'

이 모든 사건 중 하나라도 없었다면 나는 지금 이 자리에 설 수 없었을 것이다.

나처럼 우리 친구들도 수많은 우연이 연결된 삶 속을 살아가고 있다. 누군가는 나처럼 우연 속에서 가능성을 보거나 기회를 잡기도 하지만 또 다른 누군가는 그냥 쉽게 지나치기도 한다.

기회는 우연처럼 다가온다. 내게 우연히 기회가 찾아왔을 때 알아채지 못하고 지나친다면 기회는 그냥 스쳐 지나갈 뿐이다. 반대로 우연히 찾아온 기회를 운명처럼 믿는다면 기회는 가능성이 되어 내 꿈을 완성시킬 열쇠가 되어줄 것이다.

만약 우리 친구들이 좋아하는 사람에게 말을 걸고 싶거나 그 사람과 친해지고 싶을 때는 어떻게 행동해야 할까? 그냥 막무가내로 가서 "당신을 좋아합니다", "당신과 친해지고 싶습니다"라고 하면 될까?

이런 경우는 별로 없을 것이다. 보통은 그 사람과 자주 마주치면서 서로 얼굴을 익히거나, 좋아하는 관심사가 비슷하다던가 등의 우연한 상황을 만들기 위해 노력할 것이다.

그런데 만약 상대방이 나의 이런 행동이 자신과는 전혀 상관이 없다고 생각하여 무시한다면 어떻게 해야할까? 나는 그냥 혼자 짝사랑을 하게 되는 것이고, 나와 상대방은 절대 이루어질 수 없을 것이다. 상대가 나의 행동을 알아보고 받아들여야 비로소 만남이 시작된다.

어쩌면 지금 이 순간에도 '기회'라는 친구는 우연한 만남을 만들어가며 계속해서 손짓하고 있을지도 모른다. 우리는 세상의 모든 것을 한 번에 들여다볼 수 있는 스마트폰이라는 도구를 가졌지만 정작 내 주변에서 일어나는 운명 같은 우연들을 보지 못하고 무심하게 지나칠 때가 많다.

이제 온전히 나와 내 주변에 집중하면서 나에게 찾아오는 우연한 기회를 만나 보는 것은 어떨까?

3

⋮

우연을 기회로 만드는 법

종이비행기 국가대표가 되면 무엇이 달라질까?

나는 내 스펙에 활용하기 위해서 종이비행기 대회에 참가한 것도 아니고 그런 게 가능할 거라는 생각도 하지 않았다. 그러나 국가대표가 되어 활동하면서 확실하게 알게 된 것이 하나 있다. 전 세계 수많은 사람들을 종이비행기 하나로도 열광하게 만들 수 있다는 사실이다. 또 기회가 된다면 우리나라에서도 꾸준히 종이비행기 대회가 개최되면 좋겠다고 생각하였다.

그렇게 생각을 이어오던 어느 날, 한강 공원의 한 관계자에게서 '한강종이비행기축제'를 개최한다는 소식을 들었다. 그곳에서 우리 종이비행기 국가대표팀이 부스를 운영해 주었으면 한다는 것이다.

드디어 나에게도 기회가 왔다는 생각에 몇 날 며칠을 설렘 속에 보냈다. 우리 세 명의 종이비행기 국가대표 선수들은 종이비행기와 준비물을 챙겨 첫 행사에 참여하였다. 이것도 운명일까? 그날따라 비가 부슬부슬 내렸다. 그럼에도 행사를 위해 찾아오는 사람들이 조금 있었고, 우리들은 축제를 즐기러 온 그들에게 종이비행기를 접는 방법과 잘 날리는 방법 등을 알려주면서 특별한 시간을 보낼 수 있었다.

나처럼 초등학교 이후로는 종이비행기를 날려보지 않은 사람들이 대부분이었지만 생각하였던 것보다 사람들의 반응이 좋았다. 아이들은 아이들 대로, 어른들은 어른들 대로 축제를 즐겼다. 그 모습을 보며, 처음 종이비행기를 날릴 때의 희열을 다시금 느낄 수 있었다. 그리고 축제의 규모를 더 크게 키워서 우리들의 종이비행기를 전 세계에 알리고 싶다는 더 큰 꿈을 꾸게 되었다. 이렇게 우리들의 첫 축제는 우리가 처음으로 진지하게 창업을 고민하게 된 계기가 되었다.

창업의 길은 쉽지 않았다. 먼저 '창업을 꼭 해야 하는가?'라는 단계에서부터 많은 어려움이 있었다.
'취업깡패 전·화·기'라는 말을 들어보았는가? 대기업 취업률이 높은 전기·전자, 화학공학, 기계공학의 앞글자를 따 '전화기'라고 불리는 전공들을 말한다.

나는 그중 전기·전자공학을 이미 전공하고 있었고, 당시만 해도 한국전력공사에 취업하기 위해 전자기사 시험을 준비하고 있었다. 그런데 갑자기 방향을 180도 바꿔 종이비행기로 창업하겠다니! 쉽지만은 않은 선택이었다.

부모님을 설득하기 위해서도 많은 노력이 필요하였다. 창업이 꼭 잘 될 거라는 보장도 없었고, 말로만 설명 드리기에는 축적된 데이터도 실적도 거의 없었기 때문에 앞으로 하나씩 증명해 보이겠다고 설득하는 수밖에 없었다. 그리고 만약 정말로 전망이 보이지 않는다면 다시 학생으로 돌아와서 취업을 준비한다는 플랜B의 가능성까지 이야기해 두었다. 드디어 부모님께서도 우리의 창업을 축하하며 응원해 주셨다. 주위의 든든한 지원을 받으며 우리의 열정은 멈추지 않고 나아갔다.

창업을 준비하면서 나의 생활 습관에도 조금씩 변화가 생겼다. 가장 먼저 변한 것은 책장과 책상이었다. 책장에는 항공역학, 익형역학, 모델비행기공학, 공기역학 등 비행기와 관련된 책들이 하나씩 늘어나기 시작하였고 책상 위에는 항상 종이비행기가 가득하였다.

창업 준비를 위해 창업 관련 서적들도 많이 읽었고 대학교 수

강 과목도 마케팅과 벤처 관련 수업에 많이 투자하였다. 그동안 일관성 없이 제각각으로 나아가던 나의 모든 것들이 한 방향으로 모이면서 나에게 도움을 주는 것만 같았다. 삶에서 처음으로 뚜렷한 목표가 생기면서 나를 위해 주도적으로 공부를 시작하니 하루하루가 지루할 틈이 없었다.

그렇게 나를 포함한 종이비행기 국가대표팀은 '위플레이'라는 회사를 설립하면서 무사히 창업에 성공하였다.

만약 대학생 때 내가 평범하게 종이비행기 대회의 예선전만 참가한 뒤 집으로 가서 하루를 마쳤다면 어땠을까? 아마도 그 종이비행기 대회는 훗날 내 기억에 단순한 '사건 A'가 되어 있었을 것이다. 반대로 내가 종이비행기에 흥미가 없고 좋아하지도 않았음에도 단순히 돈을 벌기 위해 창업에 도전하였다면? 이것 또한 오래 가지 않았을 것이다.

그러나 나는 종이비행기 대회에서 '국가대표 출전'이라는 기회를 보았고, 나중에는 '창업'의 기회도 보았다. 그리고 이 기회들을 온전히 나의 것으로 만들기 위해 새벽같이 항공역학과 창업 공부를 하며 학업과 일을 병행하였다.

'완벽한 기회'라는 것은 저절로 다가오지 않는다. 우연을 기회로 만들기 위해서는 두 가지 조건이 있어야 한다.

첫 번째는 바로 '호기심'이다. 주변 환경, 현상, 인물, 행동, 사업 등 궁금하면 궁금해할수록 새로운 생각 그리고 새로운 시야가 열려서 더 많은 기회를 볼 수 있다. 우리가 음식을 데우거나 해동할 때 사용하는 전자레인지는 '우연'과 '호기심'이 만든 대표적인 발명품이다. 1947년, 퍼시 스펜서라는 연구자가 레이더 장비에 쓰일 마그네트론을 연구하다가 우연히 그의 주머니에 넣어둔 초콜릿 바가 녹아 있는 것을 발견하였다. 너무 쉽게 녹아버린 초콜릿을 본 스펜서는 그 이유가 궁금하여 호기심을 가지고 원인을 찾다가 마그네트론이 발생하는 마이크로파가 원인일지도 모른다고 생각하였다.

스펜서는 옥수수, 달걀 등을 이용한 다양한 실험을 통해 마그네트론에서 발생하는 마이크로파와 수분이 만나면 수분이 진동하면서 온도가 올라간다는 사실을 알아냈고, 그렇게 하여 최초의 전자레인지를 발명할 수 있었다.

'이게 왜 이렇게 되었을까?', '이렇게 된 원인은 무엇일까?', '이것을 어떻게 응용할 수 있을까?' 만약 그날 스펜서의 바지에 초콜릿 바가 없었다면? 또는 단순히 더위 때문에 초콜릿 바가 녹았다고 생각해서 그냥 지나쳤다면? 전자레인지의 발명은 조금 더 늦춰졌을지도 모른다. 누군가의 우연과 호기심이 지금의 전자레인지를 탄생시킨 것처럼 모두가 그냥 지나치거나 필요 없다고 생각하였던 것이 나의 호기심을 통해 새로운 기회로 재창조될 수 있다.

어느 날 지하철을 타고 이동하던 중 한 유머 사이트에서 '공룡에 가장 관심이 많을 나이'라는 제목의 그림을 보았다. 공룡에 가장 관심이 많은 나이는 5세 전후의 아이, 30~50세의 고생물학자, 그리고 자신의 아이가 5세 전후일 때라고 한다. 공룡을 주제로 한 전시는 보통 어린아이나 가족 단위로 많이 찾아온다. 장난감 가게에도 어린이용 공룡 장난감이 가득하고 서점을 가도 어린이용 공룡 책이 수도 없이 많다.

그렇게 생각을 하다 보니 '나는 언제부터 공룡에 대한 호기심을 잃었을까?'라는 생각이 들었다. 영어 단어 하나도 외우기 힘들어하는 어린 학생들이 공룡에 대한 호기심이 가득 있을 때는 발음하기도 어려운 공룡들의 이름을 전부 외울 수 있는 신비한 힘이 생긴다.

나 또한 성인이 되어 종이비행기와 창업에 호기심이 생기고 나서부터 이전에는 하지 못하였던 '생각의 힘'을 얻을 수 있었다. 그리고 내 진로에는 더욱 다채로운 길이 있다는 것도 알게 되었다. 이렇게 호기심은 모두가 쓸모없다고 생각하는 것에서도 새로운 가치를 발견하고 재미를 발견할 수 있게 해 주는 힘이 되어 준다.

호기심은 어떻게 키워야 할까? 정답은 '질문'에 있다. 전혀 궁금해하지 않을 만한 것에서도 새로운 궁금증을 찾아낼 수 있는 능력이 필요하다.

'우리가 흔히 마시는 이온음료인 포카리스웨트와 파워에이드의 입구는 왜 크기가 다를까?', '종이비행기는 왜 비행체가 아니

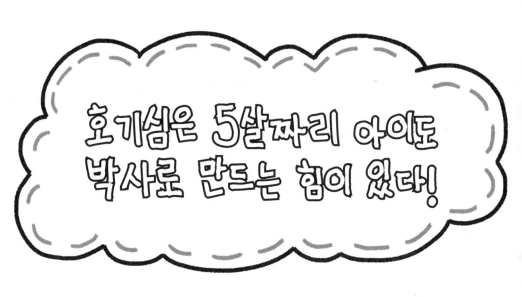

라 비행기라 부를까?', '짝퉁 신발과 정품 신발의 재료는 어떤 차이가 있을까?', '차량용 필터는 미세먼지 마스크와 구조가 무엇이 다를까?', '종이비행기는 왜 스포츠가 될 수 없을까?' 이렇게 아주 작은 것에서부터 질문을 시작해 보아라. 그것을 답하는 과정에서 우리는 분명 새로운 시야와 아이디어를 얻을 수 있을 것이다. 혹시 언제부턴가 주변 사물에 관심이 없어지고, 모든 것이 점점 귀찮아지지는 않았는가? 호기심이 없어지는 순간, 질문이 없어지는 순간, 그 순간이 온다면 우리는 더 발전할 수 없을 것이다. 끊임없이 질문해 보아라.

우연을 기회로 만드는 두 번째 조건은 바로 포기하지 않는 '꾸준함'이다. 내가 정말 좋은 아이디어라고 생각한 것들이 누군가에게 거절당하거나 부정당하면 어떤 느낌이 들까? 아마 큰 상실감을 느끼게 될 것이다. 그리고 그 아이디어에서 내가 가치 있다고 생각하는 것까지 쉽게 버리게 되는 경우도 있다.

요즘 학생들에게 미래에 하고 싶은 직업이 무엇인지 물어보면 가장 많이 나오는 답변이 바로 유튜버이다.

지금도 많은 사람들이 유튜버가 되기 위해 시간과 노력을 쏟아가며 자신의 채널을 개설하고 다양한 콘텐츠를 올리지만 투자한 노력에 비해 조회수가 잘 오르지 않아서 쉽게 포기하는 일이 너무나도 많다. 대다수의 성공한 유튜버들은 꾸준한 콘텐츠 창작만이 성공하는 콘텐츠 크리에이터가 되는 가장 중요한 핵심 요소라고 말한다.

나 또한 '종이비행기 국가대표팀 위플레이' 유튜브 채널을 운영하고 있다. 어떻게 하면 채널을 잘 성장시킬 수 있을지 항상 고민하지만 그중에서도 가장 중요하게 생각하는 것은 바로 꾸준히 콘텐츠를 올리는 것이다.

꾸준함의 다른 사례를 들어 보자. 요리사를 꿈꾸는 한 청년이 친구들에게 음식을 대접하기 위해 열심히 요리를 하였는데 친구들이 맛이 이상하다고 음식을 뱉어버린다면 어떨까?

그는 큰 상실감과 함께 자신의 노력까지 거절당한 느낌을 받을 것이다. 하지만 친구는 최종 결과물인 요리에만 실망한 것이지 청년의 노력에 실망한 것은 아니다. 만약 그 청년이 여기서 요리를 포기해 버린다면 그가 요리사가 될 수 있는 미래는 영영 오지 않을지도 모른다. 반대로 포기하지 않고 자신의 요리를 먹어 보며 어떤 문제가 있는지 다시 연구하고 꾸준히 개선해 나아간다면 어떨까? 그 사람은 요리사라는 자신의 꿈에 한 걸음 더 다가간 것이다.

우리 친구들은 자신이 열심히 하던 것에 좌절당하였을 때 어떻게 행동하는 사람이 되고 싶은가? 큰 상실감을 느끼고 포기할 것인가? 아니면 왜 좌절하였는지 생각하면서 극복할 것인가? 선택은 꾸준함에 달려 있다.

4

종이비행기로
밥 벌어먹고 살 수 있다고?

'창직'과 '창업'은 어떻게 다를까? 2019년을 기준으로 우리나라의 직업 수는 12,834개나 된다고 한다. 지금은 얼마나 바뀌었을까?

4차 산업혁명 시대로 들어서면서 새로운 기술이나 창의적인 아이디어가 계속해서 나타나고, 오래된 기술은 보완되고 있다. 또한 한 분야와 다른 분야가 서로 융합하면서 완전히 새로운 가치를 만들어 내기도 한다. 이러한 과정을 통해 새로운 업무와 창의적인 직업들이 많이 창조되고 있는데, 이것을 바로 '창직'이라고 한다. 즉, 창직은 새로운 직업을 발굴하는 과정이다.

이렇게 새로운 직업이 만들어지면 기업에 취업하여 새로운 업무에 투입되거나, 프리랜서로 활동하거나, 자신의 기업을 설립하는 '창업' 등을 하게 된다. 쉽게 말해서 창직은 취업, 프리랜서, 창업 등의 활동으로 나아갈 수 있는 큰 뿌리가 되는 것이다.

대표적인 창직의 예로 '무인도 여행 기획자'가 있다. 요즘에는 아무도 없이 혼자만의 시간과 공간을 느끼기 위해 무인도를 찾는 사람들이 점점 늘어나고 있다고 한다. 무인도는 일반 관광객이 쉽게 갈 수 있는 여행지와는 전혀 다른 환경에 있다. 무인도 여행 코스를 만들기 위해서는 수많은 위험에 따른 대처 지식을 알아야 하며, 무인도에 접근하기 위해 지역 정부의 허락과 지역 주민과 긴밀한 관계도 유지해야 한다. 이 때문에 일반 여행사 직원과 차별되는 전문성과 지식이 필요하다.

나도 종이비행기를 이용하여 '이색스포츠 마케터'라는 직업을 창직하였다. 그런데 왜 '이색' 스포츠라고 불렀을까? 종이비행기는 치열한 스포츠이기는 하지만 축구나 야구와 같이 인기가 있는 스포츠는 아니기 때문이다. 놀이보다는 조금 더 진보한 영역에 있는 특이한 스포츠라는 의미로, 종이비행기를 이색스포츠라고 정의하였다. 그런데 많은 사람들이 궁금해하는 것이 있었다.

"종이비행기로 밥 벌어먹고 살 수 있나요?"

우리는 어떻게 돈을 벌어야 할지 수없이 고민하였다. 당시 우

내 직업은 내가 만든다!

리에게는 큰 대회를 열 수 있는 자본력도 인지도도 없었다. 대회를 설계하는 능력과 마케팅 능력 그리고 공학적인 능력을 살려 기업이나 기관에서 주최하는 행사를 더욱 즐겁게 만들어 주는 것에 초점을 두었다. 종이비행기를 통해 즐거움을 얻는 것! 그것이 우리의 1차적인 홍보 목표였다. 이렇게 '이색스포츠 마케터'가 만들어진 것이다.

본격적으로 이색스포츠 마케터로서의 활동을 하기 전에 진행한 첫 행사가 '한강종이비행기축제'였다. 지금은 우리 종이비행기 국가대표팀이 축제의 기획부터 운영까지 전부 담당하고 있고, 매회 수천 명의 사람이 찾아오는 대표적인 종이비행기 축제가 되었다.

진주에서는 종이회사인 무림제지와 함께 진주종합경기장에서 열리는 '무림페이퍼 코리안컵 종이비행기 대회'를 개최하고 있다. 또 '사천에어쇼'의 홍보대사가 되는 등 전국 각지에서 열리는 크고 작은 종이비행기 대회와 체험 행사들을 운영하고 있다.

그 외에도 수많은 기관, 기업, 학교에서 과학, 진로, 인문 등 다양한 분야의 강연 활동을 하고 있다. 또 2년 전 시작한 유튜브도 어느덧 4만 명의 구독자를 향해 나아가고 있다.

그렇다. 우리는 종이비행기로도 충분히 '밥 벌어먹으며' 살고 있다.

이처럼 창직을 통해 새로운 직업을 만든다고 해서 거창한 사람이 되어야 하거나 큰 업적을 이뤄야 하는 것은 아니다. 창직도 관점에 따라 여러 종류가 있다. 하지만 적어도 내가 경험한 창직이란 정말 해보고 싶은 것이 지금 세상에 있는 직업들과는 묘하게 다를 때, 내가 그 직업과 일을 재정의하여 새로운 직업을 만들어 가는 과정이라고 생각한다.

TV 프로그램에서도 옛날에는 예능과 다큐멘터리가 따로 존재하였다. 그런데 언제부턴가 다큐멘터리에 재미 요소를 넣으면서 예능 프로그램 같은 다큐멘터리가 만들어지기 시작하였고, 다큐멘터리형 예능이라는 새로운 콘텐츠로 자리를 잡게 되었다. 대표적인 예로는 '백종원의 스트리트 푸드 파이터'가 있다.

만약 창직이나 창업을 해보고 싶을 때는 무엇부터 고민해야 할까? 나는 가장 1순위로 관심 분야를 정하라고 말하고 싶다.

내가 호기심이 있고 열정이 있어야 새로운 생각도 들고 꾸준히 나아갈 힘도 생긴다. 그리고 이 힘의 원천은 바로 즐거움이다. 내가 꾸준히 즐겁게 할 수 있는 분야가 무엇인지, 나를 매료시키는 분야가 무엇인지를 분명히 알아야 한다.

여기에서 분야는 간단히 말하면 직업군이라고 볼 수 있지만 직업군이라는 말보다는 '내가 좋아하는 행위'가 더 어울릴 것이다. 이것은 다음과 같이 매우 광범위하게 표현할 수 있다.

손으로 만드는 것, 예쁜 옷을 입는 것, 동물을 좋아하는 것, 어려운 문제를 푸는 것, 역사를 알아가는 것, 수다를 떠는 것, 나가서 뛰어다니는 것 등 내가 좋아하는 분야에 어떤 것들이 있는지 하나씩 나열해 보자. 이것이 나의 덕질, 바로 '덕'이다.

그리고 그중에 가장 많은 호기심을 가지고 노력을 해본 것이 무엇인지 알아야 한다. 즉, 후보 분야 중 내가 가장 잘할 수 있고 오랫동안 몰두하고 노력할 수 있는 것이 무엇인지 정확히 인지하는 것이다.

노래를 좋아한다고 무조건 가수가 될 수 있는 것은 아니다. 단순히 노래방을 자주 가는 것이 아니라, 실제 가수처럼 발성, 호흡, 발음 등 가수가 되기 위한 노력을 얼마나 절실히 하고 있는지가 중요하다. 이것이 내가 잘하는 영역, '업'이다.

이렇게 '덕'과 '업'은 다를 수도 있고 일치할 수도 있다. 내가 노래를 좋아하지만 잘 부르지 못하고 실제로는 화학을 더 잘할 수도 있다. 만약 이렇게 덕업이 일치하지 않을 때 사람들은 보통 덕은 취미로 업은 직업으로 삼아 삶과 일의 균형을 만들어 살아간다.

하루 24시간 중 우리가 깨어있는 시간은 17시간 정도이다. 우리는 그중에서도 12시간 정도를 일하는 데 사용한다. 만약 자신이 창업하였다면 이보다 더 많은 시간을 사용할 수도 있다. 그런데 내가 내 일을 싫어한다면 어떨까? 일하는 순간순간이 지루하고 고통스러울 것이다.

우리 친구들은 기왕 일한다면 좀 더 즐거운 일을 하고 싶지 않은가? 좋아하는 것 '덕'과 잘하는 것 '업'을 일치시키는 덕업일치가 된 삶을 살아보고 싶지 않은가?

덕업일치에도 여러 가지 유형이 있다.

첫째로는 좋아하는 것을 하다 보니 능력이 생기고 직업이 된 경우이다. 좋아하는 것을 할 수 있는 곳에 취업할 수도 있고, 나와 같이 창직을 할 수도 있다.

둘째로는 잘하는 것을 하다 보니 좋아하게 된 경우이다. 평소에는 흥미가 없었지만 전공 관련 일을 하다 보니 그 일이 점점 좋아지고 만족도가 올라가는 유형이 있다.

마지막으로는 우연히 또는 노력을 통해 덕업을 일치시킨 경우이다. 자신이 좋아하는 것과 잘하는 것을 함께 할 수 있는 삶을 만들기 위해 평소 자신의 삶을 구체적으로 설계하고 능력을 키우는 유형이다.

여러분은 무엇을 좋아하는가? 또 무엇을 잘하는가? 그리고 앞으로 노력하고 싶은 것은 무엇인가? 덕업일치된 미래의 자신의 모습을 상상하며, 지금 자신이 좋아하는 그 무엇을 시작해 보자.

5

꿈을 실현하는
방법을 깨닫다

　우리는 모두 꿈을 가지고 살아간다. 그러나 지금 활동하는 동아리 활동도, 공부도 내 바람대로 잘되지 않는 게 현실이다. 나의 앞날이 훤히 보이면 좋겠지만 한 치 앞도 볼 수 없다. 어느 전공을 선택하게 될지, 누구를 만날지, 어떤 회사를 갈지 아무것도 정해진 것이 없다.

　그래서 우리는 모두 자신의 미래 모습을 꿈꾼다. 꿈이 '꿈'인 이유는 자신이 이루고 싶은 상상 속 목표이기 때문이다. 내가 상상한 곳까지 도달해서 꿈을 실현할 수 있을까? 꿈을 이룬다는 것은 어떤 느낌일까? 수많은 꿈의 종류가 있지만 이번에는 직업·진로에 한정된 꿈에 관한 이야기를 해보려고 한다.

종이비행기 국가대표가 되기 전, 나의 꿈은 단순한 과학자였다. 구체적인 분야도 정하지 않고 그저 과학자라는 막연한 꿈만 상상해왔다. 그런 내가 창업을 하게 될 것이라고 한 번이라도 생각해 본 적이 있었을까? 그렇지 않다. 이유는 간단하다. 창업가의 이야기를 구체적으로 들어본 적도 없었고, 나와 관련이 없는 다른 사람의 이야기라고만 생각되어 관심도 없었기 때문이다. 그저 학교 공부를 하고 스펙을 쌓고 무언가 열심히 하다 보면 적당히 어딘가에 도달할 것이라는 생각뿐이었다. 꿈이라는 것은 나에게는 상상 속에만 있는 신기루와 같았다.

그렇게 꿈이라는 것을 잊은 채 시간이 흘렀고 어느새 나는 종이비행기 국가대표가 되어 있었다. 어느 날 내가 인천의 한 초등학교에서 학부모들을 대상으로 특강을 진행하였는데, 한 어머님께서 나에게 꿈이 무엇인지 물어보았다. 나는 집에 가는 길에 그 질문에 대해 곰곰이 생각해 보았다.

'국가대표가 되어서 창업을 하였으니 나는 꿈을 이룬 것일까?'
'그다음의 내 꿈은 무엇일까?'
'나는 예전에 내가 꿈꿔왔던 일과 완전히 다른 일을 하고 있는데, 그렇다면 이건 실패한 꿈인가 성공한 꿈인가?'

그렇게 나는 한참을 생각하다가 결론을 내릴 수 있었다. 꿈을 이룬다는 것은 절대 멀리 있는 것이 아니라는 것이다. 나는 미래도 과거도 아닌 지금 오늘 꿈을 이루고 있었다.

나는 한 번도 창업을 꿈꿔왔던 적이 없었기 때문에 지금 이 순간이 내가 꿈꿔왔던 삶이었는지 정확히 알지 못한다. 그런데도 지금 내가 꿈을 이루고 있다고 자신 있게 말할 수 있는 것은 오늘 하고 싶은 일과 연구하고 싶은 것이 생겼을 때, 그것을 고민하지 않고 바로 실천할 수 있기 때문이다. 나중에 꼭 하겠다고 생각만 하는 것이 아니라 지금 계획을 세우고 실천하여 나의 꿈을 하나씩 달성해 보자.

얼마나 단순하고 실현 가능한 꿈인가? 내가 좋아하는 일이 있고, 되고 싶은 직업이 있을 때 그것을 미래에 하겠다고 다짐만 할 것이 아니라 지금 당장에라도 내가 할 수 있는 수준에서 실천한다면, 그것이 바로 꿈을 이루는 과정에 있는 것이다.

우리는 보통 인생과 시간이 직선처럼 일자로 나아간다고 생각한다. 1학년이 지나면 2학년이 되고, 오늘이 지나면 내일이 되고, 사람이 태어나서 늙고 죽는 것처럼 시간은 선형적이고 직선적이다. 그러나 옛날 동양에서는 시간을 비선형적으로 바라봤다. 어제 떠오른 해가 오늘 다시 뜨고, 사계절이 반복되고, 사람이 태어나서 죽는 것으로 끝나는 게 아니라 윤회하는, 마치 바퀴처럼 되풀이된다고 생각하였다.

내가 꿈꾸는 미래가 지금의 나와 상관없이 그저 막연한 미래에 올 것이라고만 생각한다면, 선형적인 시간 속에서 살아가는 것이지만 나는 그렇지 않다고 생각한다. 지금 나의 행동과 판단들은 과거에 내가 축적했던 경험과 지식에 기반을 두고 있다. 그리고 지금 나의 행동과 판단들은 미래의 나에게 영향을 주게 된다. 즉, 우리의 과거, 현재, 미래는 매 순간 함께 순환하면서 공존한다는 것이다.

프로그래머가 되고 싶은가? 그렇다면 내일 완성할 프로그램이 있다고 생각하면서 C언어를 배워보자, 유명한 가수가 되고 싶은가? 그렇다면 다음 주에 나를 위한 콘서트가 있다고 생각하면서 무대 연습을 시작해 보자. 어느새 눈빛이 달라져 있는 자신을 발견할 수 있을 것이다.

작가이자 경영학자인 피터 드러커는 '10분 뒤와 10년 후를 동시에 생각하라'고 하였다. 여러 가지 의미로 해석할 수 있겠지만 10분 뒤와 10년 뒤가 동시에 존재하는 것처럼 말을 하는 것이 가장 인상 깊었다.

우리 친구들도 10년 뒤의 자신과 10분 뒤의 자신을 생각하면서 10년 뒤 내가 무엇이 되어 있을지 그리고 10분 뒤 내가 무엇을 하고 있을지 생각해 보자.

쓸모없는 경험은 없다, 진로는 내 꿈과 경험을 하나로 융합하는 것

1

⋮

좋아하는 일과
잘하는 일

중고등학생 때 나는 학교에서 알아주는 춤꾼이었다. 수학 여행의 장기자랑이나 무대가 있는 행사에는 항상 빠지지 않았고, 그때마다 친구들의 환호성을 한몸에 받았다. 심지어 내 춤을 인정해 주시는 선생님들도 여럿 계셨다.

학교 수업이 끝나면 가수들의 무대 영상을 계속 돌려 보며, 교실이나 집 안 거실에서 춤 연습을 하였다. 등하교 시간은 물론이고 수업시간에도 온통 춤 생각뿐이었다. 그 시절의 나는 춤을 추기 위해 학교에 다니는 것 같았다.

지금은 학생이나 성인이나 춤을 즐기는 사람들이 많지만, 내가 중학생이었던 2000년 즈음만 해도 취미로 춤을 추는 사람들이 많지는 않았다. 당시 나에게 춤은 나의 존재를 느끼게 해 주는 특별한 것이었다. 그즈음 춤에 재능이 있다는 이야기를 자주 들었고 나도 춤추는 것이 좋았기 때문에 춤추는 것이 내 직업이 되면 행복하겠다는 생각을 하기도 하였다.

고등학생이 되어 대학교 진학을 구체적으로 생각하면서부터 춤과 나의 진로를 연결하기가 망설여졌다. 춤을 추는 것을 좋아하고 잘하는 것이기도 하였지만 그렇다고 해서 직업으로 삼을 만한 것인지는 확신할 수 없었다. 나에게 가장 와 닿았던 현실적인 고민은 '배고픈 예술가로 살게 되는 것은 아닐까?' 하는 것이었다. 좋아하는 일과 해야 할 일은 엄연히 구분되어 있는 것만 같았다.

내가 나아가야 하는 길, 그러니까 나의 진로를 선택하는 기준을 생각하니 망막하면서도 머리가 복잡해졌다.

많은 사람들이 진로를 결정할 때, 자신이 '좋아하는 일(흥미)'과 '잘하는 일(적성)' 사이에서 고민을 한다. 이때 중요한 것이 바로 '직업 가치관'이다. 쉽게 말하면, '좋아하는 일'과 '잘하는 일' 사이에서 진로를 결정하였을 때, 내가 어떤 일을 더 만족해하고 행복해할지 확인해 보아야 한다.

그럼 '직업 가치관'이란 무엇일까? 우리가 알고 있는 기존의 '가치관'과는 무엇이 다른 것일까? 가치관과 직업 가치관의 사전적 의미는 이렇다.

- **가치관:** 인간이 삶이나 어떤 대상에 대해서 무엇이 좋고, 옳고, 바람직한지를 판단하는 관점.
- **직업 가치관:** 직업에 대해서 무엇이 좋고, 옳고, 바람직한지를 판단하는 관점.

사람들은 저마다 행복의 기준과 성공의 기준이 다르다. 그 이유는 그 '기준'을 만드는 가치관이 각각 다르기 때문이다. 가치관에 따라 사회적으로 인정받는 것이 더 가치 있다고 생각하는 사람도 있고, 가족과 함께 시간을 보낼 수 있는 충분한 여유가 더 가치 있다고 생각하는 사람도 있다.

교육부에서 운영하는 진로정보망 '커리어넷'에서는 직업 활동을 통해 얻을 수 있는 8가지 주요 가치를 소개하고 있다. 우리 친구들도 자신이 중요하게 생각하는 직업 가치관은 무엇인지 한번 고민해 보자.

8가지 주요 직업 가치관

1. 능력 발휘

능력을 충분히 발휘할 수 있을 때 보람과 만족을 느끼고, 나의 능력을 충분히 발휘할 수 있는 기회와 가능성이 주어지는 직업을 선택한다.

2. 자율성

어떤 일을 할 때 규칙, 절차, 시간 등을 스스로 결정하길 원하고, 다른 것보다 일하는 방식과 스타일이 자유로운 직업을 선택한다.

3. 보수

나의 충분한 경제적 보상이 매우 중요하다고 생각하고, 나의 노력과 성과에 대해 충분한 경제적 보상이 주어지는 직업을 선택한다.

4. 안정성

매사가 계획한 대로 안정적으로 유지되는 것을 좋아하며, 쉽게 해고되지 않고 오랫동안 일할 수 있는 직업을 선택한다.

5. 사회적 인정

다른 사람들로부터 나의 능력과 성취를 충분히 인정받고 싶어 하고, 많은 사람으로부터 주목받고 인정받을 수 있는 직업을 선택한다.

6. 사회봉사

다른 사람을 돕고 더 나은 세상을 만들고 싶고, 사람, 조직, 국가, 인류에 대한 봉사와 기여가 가능한 직업을 선택한다.

7. 자기계발

항상 새로운 것을 배우고 스스로 발전해 나갈 때 만족을 느끼고, 나의 능력과 소질을 지속적으로 발전시킬 수 있는 직업을 선택한다.

8. 창의성

예전부터 해오던 것보다는 새로운 것을 만들어 내는 것을 매우 좋아하고, 늘 변화하고 혁신적인 아이디어를 내며, 창조적인 시도를 하는 직업을 선택한다.

자! 이제 이 가치들을 자신의 기준에 따라 '중요', '보통', '덜 중요'로 분류해 보자. 모두 중요한 가치이지만 자신이 상대적으로 중요하게 생각하는 것은 무엇인지 알아야 할 필요가 있다. 정답은 없다. 나의 경우에는 다음과 같이 분류하였다.

나의 직업 가치관 예시

중요	자기계발, 능력 발휘, 사회적 인정
보통	창의성, 보수, 안전성
덜 중요	사회봉사, 자율성

다음은 '중요'로 분류한 가치를 이룰 수 있는 직업이 무엇인지

곰곰이 생각해 보자. 예를 들어, 춤추기를 좋아하였던 중학생 시절의 내가 만약 춤과 관련된 직업을 선택하였다면 행복하게 살 수 있었을까?

내가 중학생이었던 2000년도에 댄서 겸 안무가들은 자신의 능력에 맞는 인정과 보상을 누리지 못하였다. 수입도 많지 않았고 불규칙하였다. 현재 2000만 명의 유튜브 구독자를 보유한 것으로 유명한 '원 밀리언 댄스 스튜디오'의 수석 안무가인 리아킴은 백업 댄서였던 20대에 세계대회에서 우승까지 하였지만 음악 기획사로부터 홀대를 받으며 경제적으로나 사회적으로나 매우 고달팠다고 이야기한다.

무엇보다 춤과 관련된 직업은 '창의성'이나 '자율성' 같은 직업 가치관을 충족시켜 주는 직업인데, 내게는 창의성과 자율성이 덜 중요하였다. 즉, 내가 중요하게 생각하는 직업 가치관에는 적합하지는 않았다.

실제로 내가 중고등학생 때 적성검사를 하였을 때도 항상 연구원이나 기업가와 같은 직업들을 추천받았고 댄서나 예술가와 같은 직업들은 추천을 받지 못하였는데, 알게 모르게 이 부분도 내게 영향을 미친 것 같다.

결국 나는 춤과 진로를 연결하는 것을 포기하였고, 내가 좋아하는 것이 무엇인지 또 내가 잘하는 것은 무엇인지 다시 나를 되돌아보는 시간을 가졌다. 고민은 그렇게 길지 않았다.

나는 레고나 과학상자(너트와 볼트로 간단한 기계를 조립하는 교구)로 이것저것 만들어 보거나 과학 시간에 실험하는 것을 좋아하였다. 당시에는 춤만큼은 아니었지만, 진로로 선택해도 될 만큼 내가 좋아하고 잘하는 일이기도 하였다. "그럼, 연구원이 되어도 좋겠는걸?" 이렇게 해서 나는 연구원이란 꿈을 다시 가지게 되었다. 그 꿈을 위해 내가 선택한 것은 기계나 반도체를 배우는 공과대학에 진학하는 것이었다.

대학교에서의 공부는 나름대로 재미있었다. 그러나 기계나 반도체보다 나의 마음을 더 끄는 것이 있었다. 바로 사람의 건강에 직접적으로 도움을 주는 의약학 분야였다. 특히 의료와 헬스케어 분야는 기계와도 연결되어 있고, 다양한 분야와 융합이 가능하여 앞으로의 발전 가능성이 높아 보였다. 나는 주저없이 다시 대학 문을 두드렸고, 약학대학에 진학하였다.

그렇게 나는 현재 약사가 되었다. 어렸을 때부터 대학에 들어가기까지 단 한번도 생각하지 못하였던 진로! 그리고 지금 나는 내가 중요하게 생각하였던 직업 가치관을 충족해가며 만족스럽게 내 길을 나아가고 있다.

세상은 넓고, 그만큼 우리에게는 무수히 많은 길이 주어져 있다. 눈앞에 보이는 다양한 진로 중 하나를 결정하기 어려울 때는 '나 자신'을 되돌아보자. 내가 어떤 직업을 가졌을 때 가장 보람을 느끼고, 행복하다고 느낄지, 또 내가 좋아하는 것은 무엇이고, 잘하는 것은 무엇인지 스스로 점검하여 내가 어떤 사람인지 아는 것이 중요하다.

그리고 자신이 어떤 사람인지 알고 꾸준히 자신의 길을 걷다 보면 어느새 내가 진정으로 원하는 나만의 진로를 찾을 수 있을 것이다.

조금 늦어도 괜찮아

　중고등학교 때 내 성적은 좋지 않았다. 춤 때문만은 아니었다. 시험 기간에는 나름대로 공부도 열심히 하였지만 성적은 늘 만족스럽지 않았다. 성적이 나오지 않자 '공부는 원래 잘하는 사람만 잘하는 것이 아닐까?'라는 생각까지 들었다.

　뭐가 잘못된 것일까? 시험을 잘 보기 위해서는 기본적으로 전체적인 내용을 이해하면서 시험에 나올 만한 중요한 부분을 암기해야 하는데, 나는 그저 교과서와 여러 종류의 참고서, 심지어 시험과 직접적으로 관련이 없는 책이나 교양 잡지까지도 두루두루 읽었다. 마치 대학생이 논문을 쓰듯이 자료만 많이 수집한 꼴이었다. 차라리 교과서만이라도 여러 번 반복해서 공부하였더라면,

내 성적은 훨씬 더 좋아졌을 것이다. 결국 내 공부법의 문제가 무엇인지 파악하기도 전에 나의 고등학교 시절이 끝나버렸다.

대학에 입학하였을 때, 나는 '공부'라는 것을 정복해 보고 싶은 욕심이 생겼다. 그렇게 좋아하던 춤도 그만두고 공부에만 집중해 보기로 한 것이다.

그날그날 수업내용을 놓치지 않도록 복습하였고 이해가 되지 않는 부분은 다음 수업시간에 교수님께 질문하였다. 또 주말에는 그 주에 배운 내용을 하나하나 꼼꼼히 정리하였다. 이렇게 공부를 하다 보니 정작 시험 기간에는 별로 할 일이 없었다. 이미 완성된 정리 노트를 훑어보면서 미흡한 부분이나 외우지 못한 부분만 점검하면 끝났기 때문이다.

그렇게 대학교에서의 첫 중간고사를 성공적으로 마쳤고, 나만의 공부법이 무엇인지 그제야 찾을 수 있었다.

대학생이 되어서야 나만의 공부법을 알게 되었다니! 너무 늦었다고 생각할 수도 있다. 그러나 늦었지만 제대로 한 덕분에 2년 뒤에 나는 가고 싶었던 대학교로 편입할 수 있었고, 또 졸업 후에도 약학대학에 진학하여 지금의 약사가 될 수 있었다.

"어차피 레이스는 길다. 조금 쉬어간다고 큰일이 생기는 건 아니더라."

TV 프로그램 '1박 2일'과 '삼시세끼'를 연출한 나영석 PD의 에세이에 있는 문장이다. 학교에 다닐 때는 남과 나를 비교하기가 참 쉬웠다. 똑같은 나이에, 똑같은 수업을 듣고 똑같은 시험을 친다. 시험 결과는 나와 타인을 비교하기 딱 좋은 조건이었다. 하지만 사회에서는 다르다. 같은 회사에서 일하는 사람이라도 배경이 각양각색이다. 다양한 경험을 쌓고 싶어서 여러 부서를 옮겨 다니는 사람, 일을 시작하고 나서야 자신의 적성을 알게 되어 회사를 그만두고 대학원에 입학하는 사람, 간호사로 병원에서 근무하다가 왔다는 사람 등.

사람들은 자신의 꿈이나 가치관을 기준으로 삼아 각자의 길을 걷고 있다. 각자 기준이 다르니 누가 앞서고 있는지, 누가 뒤처져 있는지 알 수 없을 뿐더러 언제든 그 길이 달라질 수 있으므로 신중하게 나의 방향을 찾아 나아가는 것이 중요하다. 남들을 의식하며 서두를 필요가 없는 것이다.

학교생활을 하다 보면, 내 주위에 있는 친구들과 비교하며 스스로를 더디고 느리다고 느끼며 실망할 수도 있다. 하지만 빨리 나아가는 것보다 제대로 정확히 나아가는 것이 중요하다. 무엇보다 우리들의 레이스는 너무나도 길다. 또 우리 모두 서로 다르듯이 우리의 길도 다 같지 않다는 것을 기억하자.

서로의 길을 함께 응원해 주며, 조금 늦더라도 나의 길을 용기 있게 선택하고, 자신 있게 걸어가자.

3

⋮

100권의 책에서
찾은 것

컴퓨터를 설계하고 프로그램을 만드는 회사 중에 가장 큰 회사는 '마이크로소프트'이다. 이 회사의 설립자 빌 게이츠는 회장직을 은퇴한 이후에도 자선 단체와 투자회사를 설립하고 운영하는 등 여전히 바쁘게 지내고 있다.

이런 바쁜 와중에도 빌 게이츠는 1년에 50권 정도의 책을 읽는다고 한다. 빌 게이츠의 유튜브 채널에 들어가 보면, '이번 여름에 읽을 만한 책 5권', '빌 게이츠가 사랑한 책 5권'과 같은 독서 콘텐츠가 있고, 유명한 작가들과 수준 높은 대화를 나누는 콘텐츠도 있다.

빌 게이츠뿐만 아니라 전기자동차 회사인 '테슬라'를 창립한 일론 머스크도 독서광이다. 일론 머스크는 어린 시절 장난감 대신 책을 항상 붙잡고 있었다고 한다. 그것도 하루에 10시간씩이나! 그가 지금까지 읽은 책만 해도 1만 권이 넘는다고 한다.

빌 게이츠와 일론 머스크는 보통 사람들보다 훨씬 바쁠 텐데, 왜 그렇게까지 책을 읽으려고 하는 걸까?

우리 친구들은 독서를 좋아하는가? 생각해 보면 우리들의 하루는 참 짧다.

학교에서 긴 시간을 보내고 돌아오면, 학원에 가거나 숙제를 해야 한다. 또 드라마, 영화, 유튜브를 보면서 머리도 식혀야 하고, 친구들이나 가족들과 보내는 시간도 필요하다. 책을 읽기에는 하루가 너무나도 짧다.

하지만 나는 여러분들이 어떤 진로를 선택하든 시간을 내어서라도 꼭 책을 읽으라고 권하고 싶다.

중고등학생 때는 춤을 추느라 또 학교에 다니느라 책을 거의 읽지 못하였지만 어렸을 때는 독서를 무척 좋아하였다. 대학생이 되어 시간적 여유가 조금 생기자 그동안 멀리하였던 독서가 생각났다. 왠지 책을 읽어야 교양 있는 사람이 될 수 있을 것 같은 느낌에 드문드문 책을 읽다가 문득 '정말 독서는 유익한 것일까?'라는 궁금증이 생겼다.

놀고 싶은 것도 꾹 참아가며 책을 읽었는데 알고 보니 독서가 별로 쓸모없는 것이라면 억울해서 어쩌지? 흔히 책을 읽으면 상상력과 사고력이 강화되고 글쓰기 능력도 좋아지고 지식이 많아진다고 이야기하는데, 나에게는 딱히 와 닿지 않았다.

그래서 스스로 한 가지 실험을 해보기로 하였다. 책이 얼마나 유익한 것인지 직접 시험해 보고, 남은 내 인생 중에 얼마큼을 독서에 투자할 것인지 정하고 싶었다.

실험 방법은 정말 간단하였다. 하루에 1권씩 총 100권을 읽어보는 것이었다. 이렇게 읽고도 독서의 유익함을 느끼지 못한다면 평생 죄책감 없이 책을 읽지 않기로 마음먹었다. 빌 게이츠나 일론 머스크가 직접 나에게 찾아와 독서가 중요하다고 주장해도 들은 체도 하지 않을 거라고 마음먹었다.

그렇게 실험을 시작하기로 한 날부터 매일 아침마다 대학교 도서관이나 구립 도서관에 가서 책장을 쭉 훑어보며 읽고 싶은 책을 골랐다. 특별한 기준은 없었고, 책 제목이나 디자인을 보고 마음에 드는 책을 3~5권 정도 꺼내서 읽었다. 읽다가 재미가 없거나, 내가 생각한 내용과 달라서 읽고 싶지 않을 때는 과감히 책을 덮었고, 그다음 책을 펴서 읽었다.

쉽게 읽히지 않는 책은 내용이나 수준이 나에게 맞지 않다고

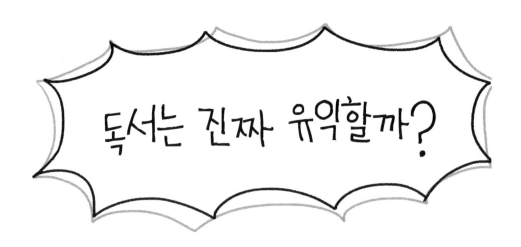

생각하여 어려운 책은 과감하게 덮었다.

나는 내 수준에 맞는 쉬운 책을 골라서 읽었기 때문에 아침 9시 반쯤에 책을 읽기 시작하면 오후 3~4시쯤에는 한 권을 다 읽을 수 있었다. 그리고 독서 노트를 하나 사서 기억하고 싶은 내용이 있거나 감명받은 부분이 있으면 간단히 메모하였다.

이렇게 매일 책을 읽기 시작한 지 2주 정도 지나자 나의 사고가 한층 성장한 것 같은 느낌이 들었다. 물론 나 혼자만의 착각일 수도 있지만 2주 동안 매일매일 작가가 책에 담아낸 정돈된 생각과 그 지식을 읽는 것은 내가 살아오면서 처음으로 경험해 보는 것이었다.

지식을 내 머릿속에 충전하는 느낌이었고, 그만큼 뿌듯하였다. 인터넷에서 검색해서 얻은 단편적인 지식이 아니라 전문가의 체계적인 양질의 지식이어서 그런지 마치 뇌와 마음에 좋은 보약을 매일 챙겨 먹은 느낌이었다. 이런 생각이 확고하게 자리 잡았을 때부터는 망설임 없이 책을 읽는 것에 집중하였고, 120일 정도 지났을 때 나는 100권의 책을 읽는 것에 성공하였다.

100권의 책을 읽고 난 후 내린 나의 결론은 '독서는 없는 시간을 내서라도 해야 하는 것'이었다.

나는 독서를 해야 하는 이유를 두 가지로 정리하였다.

첫 번째는 양질의 지식을 체계적으로 얻을 수 있다는 것이다. 인터넷이 발달한 요즘 시대에서는 컴퓨터나 스마트폰을 이용하면 아주 쉽게 그 자리에서 필요한 지식을 얻을 수 있다. 유튜브나 네이버, 구글 등에 검색하면 답이 '툭'하고 바로 나온다. 하지만 출처가 모호하고 정확성이 떨어지는 정보가 많다. 반면에 책은 어느 정도 신뢰할 수 있는 검증된 전문가가 지식을 고르고 골라서 체계적으로 정리한 하나의 결과물이다. 그래서 양질의 지식을 얻는 데에는 독서가 유리하다.

또 같은 주제의 책이라도 책마다 수준이 다르다. 예를 들어, 현재 세계적인 기업인 '애플'에서 아이폰을 만든 스티브 잡스의 위인전을 읽고 싶어서 도서관에 가 보면, 아이들을 위한 만화로 된 책에서부터 사진이 거의 없는 1000쪽짜리 두꺼운 책까지 매우 다양하다. 스티브 잡스에 대해 가볍게 알고 싶다면 만화로 된 책을 선택하면 되고, 자세히 잡스의 삶을 엿보고 싶다면 1000쪽짜리 책을 읽으면 된다. 독서는 목적에 따라 입맛에 따라 내가 원하는 책을 골라서 읽을 수 있다.

독서광으로 소문난 과학자이자 '통섭'이라는 개념을 우리나라에 전파한 이화여자대학교 최재천 교수는 '기획 독서'를 추천한다. 그는 '머리를 식히기 위해 하는 독서도 필요하지만, 내가 잘 모르는 분야의 책을 붙들고 씨름하는 것이 훨씬 가치 있는 독서'라고 말한다.

기획 독서란 관심 있는 분야에 대한 지식을 얻기 위해 해당 분야의 쉬운 책부터 어려운 책까지 순차적으로 읽어가는 독서법으로 양질의 지식을 체계적으로 얻을 수 있는 아주 훌륭한 방법이라고 할 수 있다.

우리 친구들이 자신의 진로를 계획하고 있다면, 거기에 맞추어 독서를 하는 것을 권장한다. 예를 들어, 약학대학 진학에 관심이 생겨서 '의약품'에 대한 지식을 얻고 싶다면 다음과 같이 기획 독서를 계획할 수 있다.

기초 지식 쌓기

가장 먼저 '뉴턴 하이라이트' 시리즈 중 『약의 과학 지식』을 읽는다. 그림과 사진이 많아서 이해하기 쉽고, 약의 원리와 신약 개발에 대한 알짜배기 지식을 얻을 수 있다.

지식 보태기

이번에는 도서관이나 온라인 서점 등에서 '약 이야기'라는 키워드로 검색해 보자. 『약국에 없는 약 이야기』, 『인류를 구한 12가지 약 이야기』, 『위대하고 위험한 약 이야기』 등 다양한 책이 나올 것이다. 이러한 책들을 쭉 훑어보고 가장 마음에 드는 책을 선택해서 읽어 보자. 실생활에서 쓰이는 약에 대한 풍부한 지식을 쌓을 수 있다.

곁가지 치기
마지막으로 『약사가 말하는 약사』를 추천한다. 의약품과 관련된 다양한 직업에 대해 알아볼 수 있다. 약국, 병원, 제약회사, 국가기관에서 일하는 약사들의 생생한 목소리를 들을 수 있다.

이렇게 세 단계로 기획 독서를 하게 되면 내가 알고자 하는 분야에 대해 어느 정도 지식을 축적할 수 있고 관련 진로에 대한 감을 잡을 수 있다.

독서를 해야 하는 두 번째 이유는 생각하는 힘을 기를 수 있다는 것이다. 디지털 기기를 통해 짧은 글을 읽는 것과 책을 읽는 것은 어떻게 다를까? 최근 발표된 자료 중, 책과 같이 긴 호흡의 글을 읽는 습관의 중요성을 보여 주는 연구 결과가 있다.

뇌신경을 연구하는 매리언 울프는 10여 년 이상 '책 읽는 뇌'에 대한 연구를 한 끝에 최근에 『다시, 책으로』라는 책을 출간하였다. 그녀는 이 책에서 '책을 읽는 것은 공감 능력과 유추·추론을 통한 비판적 사고 능력을 길러준다'라고 이야기하였다.

매리언 울프에 따르면 인류의 뇌는 '말하는 능력'은 이미 갖고 태어나지만 '읽는 능력'은 없는 상태라고 한다. 그래서 독서를 통해 후천적으로 읽는 능력을 길러야 한다고 알려준다. 또한 책을 읽는 동안 문장을 이해하면서 타인의 관점에서 생각하게 되므로 공감 능력을 키울 수 있으며 비판적·반성적 사고 능력을 향상시켜 준다고 한다.

빌 게이츠는 독서 습관의 중요성에 대해 '오늘의 나를 있게 한 것은 우리 마을의 도서관이었다. 하버드 졸업장보다도 소중한 것이 책을 읽는 습관이다.'라고 말하였다.

우리 친구들은 각자 자신만의 독서 습관을 지니고 있는가? 혹시 자신이 평소에 책을 잘 읽지 않았거나 지금 이 글을 읽고 책을 읽고 싶은 생각이 조금이라도 생겼다면 지금 학교나 동네 도서관 또는 서점에 가서 가장 먼저 눈에 띄는 책을 뽑아 펼쳐보기를 권한다.

지식의 경계를 부수자

나는 대학에서 두 가지 학문을 전공하였다. '신소재공학'과 '약학'이다. 신소재공학과에서는 반도체, 금속 같은 물질을 이용해서 어떻게 하면 더 쓸모 있는 태양전지, 배터리, 자동차 부품을 개발해 낼 수 있는지를 공부하였고, 약학과에서는 약의 성질과 효과, 그리고 그 약이 인체에 미치는 영향을 공부하였다.

신소재공학을 공부한 사람, 또 약학을 공부한 사람은 각자 저마다의 자부심이 있다. 대학교에 진학하면 모두 자신만의 전공이 생긴다. 물론 고등학생일 때도 전공을 가질 수 있다. 인문계 고등학교에서는 문과와 이과가 있고, 특성화고나 특수목적고에서는 과학과 예체능 분야를 비롯한 다양한 세부 전공들이 있다.

전공이라는 것이 생기면 전공에 대한 애정도 생기고 자부심도 생긴다. 그러나 한편으로는 내 전공이 아닌 다른 분야에 대한 막연한 두려움이나 경계심이 생기기도 한다. 과학 과목은 도통 무슨 이야기인지 잘 모르겠다든가, 역사를 공부하는 건 쓸데없다고 생각한다든가 하는 식으로 말이다.

하지만 서로 다른 분야의 지식과 경험이 있으면, 우리가 생각하지 못하였던 멋진 '융합'을 이루어 낼 수 있다.

현재 우리 생활에 가장 많이 보급된 통신 수단인 스마트폰을 살펴보자. 스마트폰은 IBM에서 최초로 만들었고 애플에서 대중화하였다. 스마트폰이 있기 전에는 '휴대전화'가 있었고, 그 전에 '전화기'가 있었다.

그럼 전화기를 만든 사람은 누구일까? 지금 우리가 쉽게 볼 수 있는 전화기의 형태는 전 세계의 여러 과학자, 기술자들의 연구 결과가 합쳐진 것인데, 수많은 과학자와 기술자 중에서도 알렉산더 그레이엄 벨을 전화기의 아버지로 꼽는다. 전화기의 작동 원리에 아주 중요한 기술을 발명하고 세계 최초로 특허를 따냈기 때문이다.

그레이엄 벨은 전화기 발명으로 성공을 거둔 후 1885년에 통신 기업인 'AT&T 주식회사'를 만들었다. 미국에 본사가 있는 이 회사는 현재 전 세계적으로 25만 명의 직원이 일하고 있는 세계

최대 통신 기업으로 발전하였다. 이렇게 여러 가지 업적을 이룬 그레이엄 벨이 바로 지식의 경계를 부수고 융합을 이루어 낸 대표적인 인물로 꼽힌다.

벨이 처음부터 발명가나 과학자였던 것은 아니다. 벨은 '전화기의 아버지'라는 별명이 있지만, '청각장애인의 아버지'라고도 불렸다. 청각장애인이 목소리를 내는 방법을 연구하고 마음을 다해 청각장애인을 가르치기도 한 훌륭한 선생님이었기 때문이다.

벨은 웅변술 교수였던 아버지와 청각장애를 가진 어머니의 영향을 받아 학생들에게 자신의 목이나 턱, 입을 만져보게 하고 말을 할 때 어떻게 진동이 일어나는지 느끼게 하면서 청각장애인에게 말하는 방법을 가르치는 선생님이 되었다.

이렇게 발성을 연구하고 가르치다가 벨은 소리를 전기로 바꾸어 멀리 보내는 아이디어를 떠올리게 된다. 당시에는 '띠-', '띠띠-' 같은 짧은 기계음을 먼 거리로 보낼 수 있는 '전신'이라는 기기가 있었지만 목소리까지는 전달할 수 없었다.

목소리를 전달할 수 있게 된다면 큰 성공을 이룰 수 있을 것이라고 생각한 벨은 낮에는 학생들을 가르치고, 밤에는 목소리를 전달할 아이디어를 연구하는 데 온 힘을 쏟았다.

벨은 말을 하는 방법을 가르치는 선생님이었기 때문에 과학기술에 대한 지식이 부족하였다. 그러나 이에 굴하지 않고 과학기술에 뛰어난 토머스 왓슨이라는 조수를 채용하여 그의 도움을 받으면서 연구를 계속해나갔다.

당시에는 벨 말고도 많은 사람들이 전화기를 발명하기 위해 밤낮으로 연구에 매달렸는데, 벨은 다른 사람들이 가지지 못한 특별한 강점을 지니고 있었다. 바로 '발성 선생님'이라는 특별한 경험이 있었던 것이다. 그는 발성을 공부하고 가르친 경험 덕분에 인체가 어떻게 소리를 내는지를 잘 알고 있었고, 그 지식은 세계 최초로 전화기에 대한 특허를 따내는 데 큰 도움이 되었다.

이렇게 벨처럼 '과학이 아닌 분야'에서 '과학 분야'로 건너온 경우도 있지만, 그 반대의 경우도 있다. 예술계의 천재들만 입학한다는 한국예술종합학교에서 전통예술을 가르치는 이진원 교수의 이야기이다.

이진원 교수는 과학고등학교를 졸업하고 한국과학기술대학교 (카이스트) 화학과를 졸업한 과학 수재이다. 졸업 후에는 카이스트 화학과 대학원에서 석사 과정을 밟았는데, 갑자기 국악으로 방향을 틀었다.

과학 수재가 갑자기 국악이라니? 알고 보니 이진원 교수는 고등학교 2학년 때 단소에 빠졌다고 한다. 단소를 잘 불던 친구가 부러워 단소를 독학하기 시작하였고 전통 음악 음반을 사서 듣는 것도 즐겼다고 한다. 대학생이 된 이후에는 전통음악 동아리를 만들어 계속 전통음악을 가까이하다가, 아예 전통음악 분야로 뛰어들기로 한 것이다.

이진원 교수는 다니던 대학원을 그만두고 국악과에 다시 입학하여 석사 학위를 취득하였고 현재 한국예술종합학교 교수로 재직하며 지금까지 100여 편의 논문과 책을 펴내며 전통음악의 계보를 복원하는 데 힘쓰고 있다.

나는 여기서 한 가지 의문이 생겼다. '과학고등학교와 카이스트에서 공부한 과학 지식은 전통음악에 관련된 논문과 책을 쓰는 데 과연 도움이 되었을까?'

궁금증에 대한 해답은 '그렇다'였다. 이진원 교수는 '나는 과학을 통해 공부하는 사람이 가져야 하는 자세를 배웠다.'라고 말한다. 과학을 공부한 덕분에 단소와 통소를 다른 시각에서 연구할 수 있었다며, 전통음악을 공부하고 연구할 때도 '왜 그럴까'와 같은 과학적 사고를 한다고 전하였다.

그레이엄 벨과 이진원 교수는 요즘과 같은 4차 산업혁명 시대에 어울리고 또 인기 있는 '융합형 인재'라고 볼 수 있다. 융합형 인재가 되려고 일부러 전공 분야를 바꿀 필요는 없지만, 다양한 분야에 관심을 두고 경험을 쌓는 것은 큰 도움이 된다.

우리는 학교에서 다양한 과목을 공부하고 있고, 동아리 활동이나 체험학습 등을 통해 다양한 경험을 할 수 있다. 당장 나에게 필요한 지식, 나에게 도움이 되는 과목에만 관심을 갖지 말고 내가 잘 모르는 분야, 나와 상관없는 분야라도 호기심을 가지고 즐거운 마음으로 친해져 보는 것은 어떨까?

어쩌면 내가 몰랐던 나의 흥미를 발견할 기회가 될 수도 있고, 내가 갖고 있던 지식·경험과 융합하여 나에게 깜짝 놀랄 만한 선물을 가져다줄지도 모른다.

5

⋮

아이언 맨 슈트를 찾아서

미국에는 골드만삭스라는 세계 최고의 투자은행이 있다.

2014년, 골드만삭스에 '켄쇼'라는 신입사원이 들어왔다. 켄쇼의 일 처리 속도는 압도적이었다. 동료 15명이 4주 내내 해야 끝낼 수 있는 일을 단 5분 만에 끝냈다. 단 하나의 실수도 없어서 동료들이 혀를 내둘렀다고 한다. 켄쇼는 휴가를 가지 않았고 먹지도 자지도 않았고 24시간 내내 일만 하였다. 이뿐만이 아니었다. 켄쇼는 불평이나 불만도 없었다. 동료를 미워하는 일도 없었고 일이 많아도 절대 짜증을 내는 법이 없었다.

이쯤 되면 몇몇 친구들은 켄쇼의 실체를 눈치챘을 것이다. 그렇다. 켄쇼는 사람이 아니다. 골드만삭스가 도입한 인공지능 프로그램이다. 켄쇼를 실행하면 검색창이 뜨고, 질문을 입력하면 몇 분 후에 답이 나온다. 예를 들어, '크리스마스 시즌에는 어떤 회사의 주식 값이 올랐니?'라고 입력하면 켄쇼는 기업 실적 발표 자료, 주식의 변동 기록, 기사, 정책 등 방대한 자료를 순식간에 분석해서 '짠' 하고 보고서를 만들어 낸다.

2000년도쯤에는 골드만삭스에 주식을 사고파는 일을 담당하는 직원이 600명이나 되었다. 그것도 그냥 직원이 아니라 전 세계에서 모인 수재들이었다. 그런데 업무를 자동화하는 프로그램들을 사용하기 시작하면서 주식을 사고파는 일을 담당하는 직원 수가 조금씩 줄었고, 2014년에 켄쇼를 도입한 후에는 단 2명의 직원만으로도 충분한 정도가 되었다.

598개의 일자리가 없어지는 대신 그 자리에 컴퓨터 기술자들이 새로 채워졌다. 일을 더 빠르고 잘하기 위한 IT 기술을 개발하는 데 집중하기 위한 것이다.

켄쇼의 위력을 옆에서 지켜본 다른 투자회사들도 골드만삭스를 따라 하고 있다. 인공지능 프로그램을 도입하고, 해당 업무가 없어진 직원을 해고하고, 또 새로운 직원들을 고용하고 있다.

이렇게 인공지능을 포함한 과학기술이 근무 환경을 빠르게 바꾸고 있다. 약학을 전공한 나는 제약회사의 공장에 견학을 간 적이 있는데, 넓고 넓은 큰 공장에 사람이 거의 없었다. 로봇이 짐을 옮기고, 컨베이어 벨트 위에서 기계가 약을 찍어내고 있었다. 사람은 그저 로봇이 할 수 없는 일을 몇 가지만 도와주고 있었다. 사무실에서도 마찬가지이다. 단순하고 반복적인 서류 작업을 대신해 주는 프로그램이 매일 쏟아지고 있다.

몇 년 전에 '씨젠'이라는 회사에서 인공지능이 스스로 진단 키트를 개발하는 프로그램을 개발하였다. 2020년에 코로나 바이러스(COVID-19)가 등장하자 씨젠에서는 이 인공지능 프로그램을 이용하여 코로나 바이러스의 유전자 정보를 분석하는 데 성공하였으며, 단 3주 만에 코로나 바이러스를 진단할 수 있는 진단 키트를 개발해 전 세계에 수출까지 하였다.

인공지능과 로봇이 등장하고, 그 기술이 발전하면서 사람의 일자리가 점점 줄어들고 있다. 이젠 사람이 아니라 인공지능이나 로봇과 경쟁해야 하는 시대라고 걱정하는 사람들도 많다.

하지만 나는 과학기술 덕분에 우리 모두가 '아이언 맨'처럼 될 수 있을 것이라는 기대를 한다.

미국에서 만화 및 영화로 제작된 《아이언 맨》에서 그 주인공 아이언 맨은 평소에는 '토니 스타크'라는 이름을 가진 평범한 사람이다. 이런 토니 스타크가 '아이언 맨 슈트'를 입는 순간, 그는 하늘을 날 수도 있고, 최첨단 장비들로 힘도 어마어마하게 세진

'슈퍼 히어로'가 된다.

과학기술은 사람이 할 수 없는 일을 하게 해주는 아이언 맨 슈트와 비슷하다. 며칠, 몇 주 내내 매달려야 하는 일을 몇 시간 만에 할 수 있게 도와주거나, 아예 할 수 없었던 일을 가능하게 도와주니까 말이다.

유튜브에 '프로그래밍을 배워야 하는 이유는?'이라는 제목의 유명한 영상이 있다. 빌 게이츠, 페이스북 창업자 마크 저커버그 등이 등장해서 왜 프로그래밍을 배워야 하는지를 설명하는 5분 정도의 짧은 영상인데, 그 이유가 정말 멋지다.

'프로그래밍은 이 시대의 초능력이기 때문'이라고 말한다. 컴퓨터 앞에서 프로그래머가 프로그래밍해서 만들어 낸 프로그램, 웹사이트, 스마트폰 애플리케이션 등을 전 세계 사람들이 사용할 수 있기 때문에 프로그래밍은 초능력과 마찬가지라는 것이다.

나는 현재 회사원이기도 하지만 과학·약학과 관련된 강의를 하는 강사로 활동하기도 한다. 강의를 준비할 때, 좀 더 강의를 재미있게 만들기 위해서 동영상을 강의 중간중간에 활용하기도 하는데, 내 입맛에 딱 맞는 동영상이 없어 아쉬울 때가 많다. 그림을 잘 그리지 못해서 동영상을 직접 만드는 것은 엄두도 내지 못한다. 그런데 이런 내가 얼마 전에는 캐릭터들이 뛰어다니는 동영상을 뚝딱 만들었다. 어떻게 동영상을 만들었을까?

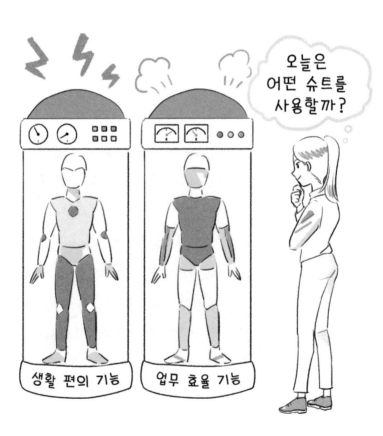

나는 그림 그리는 연습을 하는 대신 동영상을 쉽게 만들어주는 프로그램을 다운받아서 그 사용법을 익혔고, 프로그램에서 제공하는 움직이는 캐릭터와 배경화면을 이용하여 쉽게 동영상을 만들었다. 그림을 못 그리는 나는 평범한 토니 스타크였지만, 이 프로그램을 사용하는 순간 나는 슈트를 입고 아이언 맨이 될 수 있었던 것이다.

인공지능, 로봇, 빅데이터, 드론, 자율주행 자동차, 유전자 가위 그리고 4차 산업혁명 시대….

하루하루 새롭게 쏟아지는 과학기술들은 우리 친구들이 활약할 수 있는 멋진 아이언 맨 슈트가 되어줄 것이다. 내가 인공지능으로 또는 로봇으로 대체되지 않을까 하는 걱정 대신, 어떤 슈트를 골라 입을 것인지 행복한 고민에 빠져 보자.

5

🔍 미래 핵심 키워드 **스토리**

내가 주인공인 이야기, 진로는 나만의 스토리를 만들어 가는 과정

1

:

단순한 말 한마디,
나를 발견하게 된 계기

"왜 수학을 전공하셨어요?"

내가 주변 사람들에게 가장 많이 받는 질문이다. 가족, 친척, 고등학교 동창, 직장 동료, 여행하는 동안 새로 알게 된 친구들까지. 살아가면서 만나는 많은 사람들이 내가 수학을 전공한 것을 신기해하고, 왜 하필 그 복잡하고 어렵고 딱딱하고 재미없는 수학을 전공하였는지 궁금해한다.

나는 어쩌다가 수학을 전공하게 되었을까?

초등학교 때 원주율 3.1415926… 소수점 30자리까지 암기하는데 성공해서? 어렸을 때 구구단을 잘 외워서? 태어날 때부터 20

년 뒤에 대학에 가서 수학을 전공하겠다고 굳게 다짐해서?

모두 전혀 답이 아니다. 수학을 좋아하였지만, 수학을 꿈이나 진로로 생각한 적은 고등학교 1학년 때까지 단 한 번도 없었다.

짝짝~짝~짝짝 대~한민국, 우리나라가 월드컵 4강에 진출하였던 역사적인 2002년에 나는 고등학교 1학년이었다. 우리 학교는 시내에서 버스로 1시간 정도 걸리는 시골에 있었다. 게다가 버스도 한 시간에 겨우 한두 대 정도밖에 다니지 않아 학생들 대부분이 학교에서 운영하는 통학버스를 이용하였다.

학교가 워낙 외진 곳에 있다 보니 노래방이나 피시방, 그 흔한 분식집 하나 없었다. 체육대회 날 잠시 쉬는 시간에 스타크래프트 한 판 해보겠다고 뒷산을 넘어 몰래 피시방에 갔던 친구들이 있기는 하였다. 그러나 그때도 산속에서 길 잃고 헤매다가 체육대회가 거의 끝날 때쯤 옆 산으로 허무하게 돌아온 게 전부였다. 그래서인지 대부분의 학생들이 수업시간에 도망갈 생각은 애초부터 하지도 않았다. 다른 학교에 비해 공부하는 분위기가 어느 정도 정착되어 있던 것도 이런 주변 환경 때문이었던 것 같다. 그럼에도 수학에 한해서는 지금과 마찬가지로 수포자가 많았다.

당시 수학 선생님은 덩치도 크고 호랑이처럼 무서운 데다가 약간 뚱뚱해서 별명이 '돼랑이'였다.

친구들이 수업시간에 딴 공부를 하거나 숙제를 해오지 않으면 엎드리게 한 다음 엉덩이, 허벅지, 종아리를 순서대로 때렸는데, 우리는 그것을 '롯데리아 세트 메뉴'라고 불렀다. 수학 선생님도 그 별칭이 마음에 드셨는지 "또 공부 안 했어? 모의고사 성적 또 떨어졌어? 세트 메뉴 맛 좀 볼래? 어?"라고 자주 말씀하셨다. 지금은 체벌이 없어졌지만, 당시에는 약간의 훈계 같은 체벌이 존재하고 있었다.

돼랑이 선생님은 다른 친구들 앞에서 문제를 직접 풀어보고 풀이 과정을 설명할 줄 알아야 수학 실력이 올라간다고 말씀하셨다. 단원이 끝날 때마다 보조 칠판을 가져다 놓고 무작위로 7~8명씩 호명해서 연습문제를 풀게 하였는데, 그때마다 오히려 수포자가 늘어나는 것만 같았다. 더욱이 문제를 풀지 못하는 아이들에게는 가차 없이 롯데리아 세트 메뉴를 주셨다. 그럼에도 돼랑이 선생님은 아이들에게 인기가 있었다. 수학을 싫어하는 학생조차도 선생님께서 누구보다 수학을 잘 가르치려고 노력하는 것을 알고 있었기 때문이다.

그러던 어느 날, 돼랑이 선생님이 리포트를 내주셨다. 단원 연습문제와 모의고사 오답을 정리하는 것이었다. 나는 수학 시간에 직선, 원, 함수를 정교하고 반듯하게 그리는 것을 좋아하였다. 항상 위쪽 반원을 먼저, 아래쪽 반원을 나중에 그렸고 반원도 왼쪽에서 시작해서 오른쪽에서 끝나게 하는 나만의 작도 규칙이 있었다. 동그랗게 그려진 원을 보고 장인정신이라며 혼자 좋아하곤 하였다.

수학 문제도 노트에 가지런히 그림을 그려가며 풀이 과정을 정리하는 것을 좋아하였다. 열심히 풀이 과정을 적고 정리하면 마치 퍼즐을 다 맞춘 것 같아 보람도 있고 뿌듯하기도 하였다. 나는 리포트에도 많은 시간 공을 들여 이차함수도 예쁘게, 원도 동그랗게, 직선도 반듯하게 그려서 제출하였다.

다음 수업시간에 리포트를 돌려받았는데, 반에서 유일하게 내 숙제에만 빨간색 글씨로 'Good!'이라고 쓰여 있었다.

돼랑이 선생님은 수업시간에도 내 과제에 대해 칭찬을 해 주셨다.

"호가 가장 열심히 숙제해서 '굿'이라고 칭찬해 주었다. 모두들 숙제는 이렇게 열심히 하도록!"

어떻게 생각하면 그냥 지나칠 수도 있을 법한 단순한 칭찬 한마디였는데, 그날 난 그 한마디에 엄청난 자신감을 얻었다. 돌이켜 보면, 선생님의 그 한마디가 나를 발견하게 된 계기이자 내 수학 인생의 첫 출발점이 된 것이다.

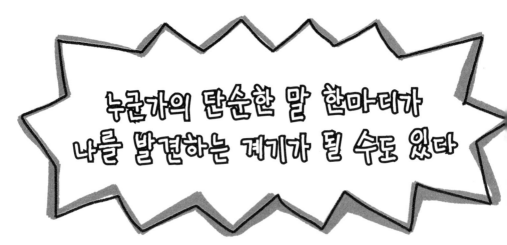

보통 사람들은 수학을 전공하였다고 하면 학창시절 수재였을 거라고 생각하는데 나는 공부를 썩 잘하지는 못하였다. 수학에 특출난 재능이 있어서 수학경시대회에 나가서 상을 휩쓸거나 한 것도 아니다. 과학고, 영재학교, 영재원에서 진행하는 프로그램을 경험해 본 적도 없다. 별로 뛰어나지 않은 성적으로 요즘 말하는 지방거점국립대에 갈 수 있는 정도였다. 생각해 보면 그때 돼랑이 수학 선생님이 '수학을 참 잘한다.'라고 말한 것도 아니다. 그저 숙제를 열심히 잘해왔다고 했을 뿐이다. 그런데 그 한마디에 그날 내 안에 있던 나를 발견하는 놀라운 일이 일어난 것이다.

우리가 아는 유명인 중에도 전혀 뜻하지 않은 계기로 자신의 진로를 결정한 경우를 볼 수 있다. 보유하고 있는 올림픽 메달만 28개인 수영 황제 마이클 펠프스는 주의력결핍 과다행동장애를 치료하기 위해서 수영을 시작하였다고 한다. 본인의 단점이나 문제점을 해결하려고 시도하였던 경험이 자신의 재능을 발견하게 된 계기가 된 것이다.

또 핵주먹 마이크 타이슨은 어린 시절 2년 동안 절도, 도둑질로 38번이나 체포를 당한 경험이 있는 비행소년이었는데, 소년원에서 마음을 다스리기 위해 복싱을 시작한 것이 헤비급 챔피언에 오르며 세계적인 선수가 되는 계기가 되었다고 한다.

2019년 5월, 미국의 시사주간지 「타임」이 세계에서 가장 영향력 있는 사람으로 선정한 스웨덴 환경운동가 그레타 툰베리는 당시 16세였다. 지구 환경 파괴에 무관심하고 대응하지 않는 어른들에게 반항하는 의미로 등교를 거부하였는데, 이 작은 행동이 전 세계에 이르는 큰 파장을 일으켰다. 이후 그레타 툰베리는 2019 유엔 기후 정담 회담에서 울림 있는 연설을 통해 전 세계가 기후 변화에 대한 관심을 갖게 하는 데 큰 역할을 하였다.

나도 어쩌다 보니 선생님의 작은 칭찬에서 힘을 얻어 수학 공부를 시작하게 되었다. 우리 친구들도 아직 꿈이 없다고, 아직 진로를 정하지 못하였다고 실망할 필요는 없다. 아직 꿈을 정하지 못하고 방황한다고 생각하며 너무 조급하게 마음먹을 필요도 없다.

모든 사람은 각각 나름의 장점과 단점을 갖고 있으며, 지금 내 위치에서 성실히 주어진 일을 하다 보면 나를 발견하는 기회는 반드시 찾아올 것이다.

간혹 진로를 정하지 못한 친구들이 지금의 시간을 낭비하며 공부를 소홀히 하는 경우도 있는데, 아직 진로를 정하지 못하였다면 지금 주어진 학생이라는 본분에 최선을 다하는 것이 중요하다. 꼭 공부와 진로가 연결되어 있지는 않지만, 나중에 진로를 발견하였을 때 공부가 그 일을 하는 데 최소한의 기본 조건이 될 수도 있기 때문이다.

무엇보다 하고 싶은 일, 잘하는 일을 찾는 노력과 함께 오늘 하루를 알차게 보낼 수 있어야 한다. 작지만 구체적인 계획을 세워 실천하는 하루를 살 수 있다면, 우리는 좀 더 빨리 진로를 만날 수 있을 것이다.

현실보다는 꿈을 택하다

    많은 친구들이 꿈과 현실 사이에서 진로를 고민할 때 나는 비교적 일찍 진로를 선택한 편에 속하였다. 대학 수학은 고등학교 때의 그것과는 완전히 달랐지만 나름대로 매력이 있었다. 고등학교 때까지 주로 사칙연산을 하였다면, 대학교에서는 수학적으로 논리적이고 엄밀한 증명에서부터 커피잔과 도넛이 똑같은 것으로 보이는 새로운 시각까지, 수학과에 오지 않았다면 배우지 못하였을 넓고 깊은 수학의 세계를 접할 수 있었다.

    대학에 들어오니 수학과를 선택하였다고 모두 수학을 좋아하는 것은 아니란 것을 알게 되었다. 주변 친구들 가운데 일부는 적성이 맞지 않아 다시 수능 시험을 준비하기 위해 휴학계를 내거나 자퇴를 하기도 하였다. 또 일부는 뭐라도 되겠지 하는 심정으로 단순히 학교를 오가는 것만 하며 시간을 보내고 있었다. 특히 부모님의 권유로 대학 학과와 진로를 결정하였거나 단순히 대학 입학만을 위해 공부한 친구들은 적응하는 데도 많이 힘들어하였다.

난 다행히 수학을 좋아해서 수학과를 선택한 것이기 때문에 적응도 쉬웠고 배움의 기쁨도 컸다. 그러나 현실은 배움과 꼭 일치하지는 않았다. 어느 날, 가족 모임에서 화제의 중심에 나를 두고 핑퐁 치듯 이야기가 전개되었다.

"대학을 졸업하기만 하면 취업이 되는 옛날과는 다르지! 요즘은 빨리 안정적인 직장에 취업하는 게 중요해. 그래야 목돈도 모으고, 결혼도 하고, 가고 싶은 여행도 마음껏 가면서 하고 싶은 것 할 수 있지."

"맞아! 수학만 좋아해서 뭐가 되는 거야? 취직은 되는 거야?"

"교직이수를 해서 선생님이 되는 것이 어떠니? 교직이수 하고 임용고시만 통과하면 안정적인 직장을 얻을 수 있잖아. 어렵다고 해도 일찍 준비하고 노력하는 사람은 다들 된다더라."

"네가 좋아하는 수학 공부는 선생님이 되어서도 평생 마음껏 할 수 있어."

나도 내 미래에 대해 뒤죽박죽 생각을 많이 하긴 하지만, 누군가가 몇 년 뒤의 내 진로를 가지고 조언을 하는 것은 못마땅하였다.

모두들 집으로 돌아간 그날 저녁부터 난 깊은 고민에 빠졌다. 단순히 수학을 좋아한다고 모든 것이 해결되진 않는다. 수학을 전공하면 어떤 직업을 갖게 될까? 선생님? 교수님? 학자? 내가 알고 있는 것은 여기까지였다. 대학교에 들어가기만 하면 진로가 저절로 해결될 줄 알았는데, 처음부터 다시 시작하는 느낌이었다.

그래서 지금 내 위치에서 생각해 보기로 하였다. 그래! 다른 생각은 하지 말고 우선 좋아하는 것을 하자! 그리고 현실도 생각하자! 그래서 생각한 것이 교직 이수였다. 나중에 선생님이 되고 싶은 마음이 없어지더라도 선생님이 되기 위한 기본 조건을 충족시켜 놓으면 마음은 편할 것 같았다. 일차적인 내 목표였다. 고등학교 때 공부를 해야 하는 이유와 마찬가지로 아직은 내 꿈을 확정하지 못하였기 때문에 기본 조건을 충족시켜 놓는 쪽으로 정한 것이다.

그런데 얼마 안 가 다시 진로를 결정해야 할 시기가 왔다. 여러 경로로 알아보니 수학 교사가 되는 것과 교수가 되는 길은 완전히 달랐다. 수학 교사가 되기 위해서는 임용시험의 범위와 내용을 중심으로 공부해야 하고, 수학과 교수가 되기 위해서는 수학 지식, 논리적인 증명, 그것의 활용법 등에 무게를 두어야 하였다. 결국 둘 다 병행하는 것은 어렵고 어느 하나를 포기하는 선택과 집중이 필요하였다.

꿈은 크게 가지라고 하였던가? 내 머릿속에서는 공부를 계속하여 수학자나 교수가 되길 원하고 있었다. 하지만 그것을 선택하기에는 두려움이 컸다. 대학원 가서 열심히 공부해도 뛰어난 몇 명만 교수가 된다고 들었기 때문에 실패를 경험하게 될까봐 무서웠다.

그렇다고 교사가 되는 것이 마냥 쉬운 것도 아니었다. 교육학을 이수해야 하고 무엇보다 오랜 시간 임용고사 시험을 준비해야 하고 치열한 경쟁에서 합격을 해야 하기 때문이다.

그 외 다른 길은 없을까? 내가 알고 있는 정보는 너무 단순하고 부족하였다. 인터넷에 수학과 졸업 후 진로를 검색해 보고 관련 뉴스나 책을 찾아보는 것이 전부였다. 그러다 보니 가족, 친척들의 현실적인 조언도 싫었지만, 무엇보다 대학 졸업 후 진로에 대한 내 소신이 거의 없는 상태였다.

졸업 후 안정적인 직장이냐 아니면 불투명하지만 좋아하는 것을 위해 도전해야 하는가의 고민이 시작되었다. 현실과 꿈 중 선택을 해야 하는 상황이었다. 생각이 많아지고, 생각들이 서로 얽히고, 또 다른 생각이 덮기도 하면서 머릿속은 복잡해지고 자신감은 계속 떨어져만 갔다.

'내가 남들보다 뛰어난 재능이 있는 것도 아니고, 수학을 좋아하긴 하지만 수학만으로 성공할 수 있을 것 같지는 않아. 하지만 그렇다고 안정적인 미래만 추구하는 것이 좋은지도 잘 모르겠어. 지금 겨우 스물셋. 아직 젊으니까 그냥 내가 좋아하는 거 하자. 나는 할 수 있어!'

이렇게 내가 마음을 바로잡고 앞으로 진로를 결정한 것은 3학년 겨울방학이었다. 그렇게 현실보다는 꿈을 선택하였다. 대학에서뿐만 아니라 대학원에서도 내가 좋아하는 수학을 더 깊이 하는 것에 목표를 두었다.

인생은 순간순간의 연속이고, 우리는 매순간 선택을 해야 한다. 그러나 걱정할 필요는 없다. 우리는 매순간 이미 최선의 선택을 하고 있다. 이때 내 선택이 틀리지 않도록 최대한 많은 정보를 얻어야 하고 주변의 조언을 감사히 받아들여야 한다. 그리고 무엇보다 중요한 것은 '나의 가치관'과 '나의 선택과 결정에 대한 믿음'이다. 그래야 결정에 책임감을 느끼고 삶에서 내가 중심이 될 수 있다. 또한 선택을 잘못해서 성공하지 못하는 것을 두려워하면 아무것도 할 수 없다. 실패란 말은 없다. 단지 이번에는 성공하지 못하였을 뿐이다. 혹시 여러 번 성공하지 못하였더라도, 내가 선택한 것을 위해 노력하였다면, 그 경험은 성공을 위한 하나의 주춧돌이 될 것이다. 수많은 경험 속에서 공통점을 찾아 극복해 내면 그게 바로 성공의 열쇠가 될 수 있기 때문이다.

우리 친구들도 아직 꿈을 찾지 못하였을 수도 있다. 그리고 주변의 조언에 오늘은 이렇게 내일은 저렇게 계속 생각이 바뀔 수도 있다. 주변에서 이야기하는 현실과 내 꿈 사이에서 혼란을 겪을 수도 있다. 어떤 선택이든 내가 지금 원하는 쪽으로 먼저 도전하자. 무엇이든 시작해야 결과를 얻을 수 있다.

우리가 실천하고 도전하는 모든 것들이 스스로를 성장시키고 나의 진로를 찾는 경험으로 쌓일 것이다. 내 꿈과 선택을 믿어 보자!

3

:

진로는 나의 이야기를
만드는 것

약 2%.

과학기술정책연구원 보고서(산업수학 활성화를 위한 국내 생태계 분석, 2016)에 따르면 우리나라에서 수학 박사학위를 취득한 사람 중 1.8%만이 정부, 공공기관으로 진출한다고 한다.

대학교나 초중고등학교에 진출하는 비율은 약 52%, 연구소는 9% 정도로 정부나 공공기관에 진출한 수학 박사는 아주 적고 만나보기도 힘들다. 실제로 박사 졸업을 앞둔 주변 대학원 선배나 동료들도 대부분 박사 후 연구원 과정, 연구소나 대학으로 졸업 후 진로를 생각하고 있었다.

'박사를 마치면 꼭 연구소나 학교에 가야 할까? 다른 길은 없을까'

내 주변에 수학을 전공한 대부분의 사람들은 하고 싶은 연구를 계속하며 학자로 살아가길 원하기 때문에 대학, 연구소에 많이 진출하길 희망하였다. 요즘은 산업체, 기업, 학교 등 다양한 분야에서도 연구할 수 있는 기회가 많지만, 아직은 순수 연구에 많은 관심을 둔다.

일찍이 내가 연구소나 대학으로 진로를 선택하지 않은 것은 학문적으로 수학을 하는 사람은 이미 충분하고, 일반 대중에게 수학의 가치와 새로운 면, 재미를 말하고 알리는 일이 더 가치 있다고 생각하였기 때문이다.

"왜 사람들은 수학을 특별한 몇몇 사람이 해야 한다고 생각할까", "왜 수학은 누구나 좋아하기 힘든 학문일까", "일반 대중, 국민에 가까이 있고 쉽게 다가가서 수학을 알릴 수 있는 직업을 가지려면 무슨 일을 해야 할까?"

그렇게 생각을 계속 하다 보니 수학을 대중적으로 알릴 수 있는 좀 더 큰 기관은 없을까 하는 생각으로 확장되었다.

그즈음에 과학기술정보통신부가 주최하고 한국과학창의재단과 주한영국문화원이 공동으로 주관하는 '2014 페임랩 코리아'에 우연히 참가하게 되었다. 페임랩은 3분의 제한시간 동안 자신의 연구 내용, 전공 이론을 흥미롭게 이야기하는 과학커뮤니케이터

발굴 프로젝트이다. 과학, 수학 공학 등 관련 연구분야에 있는 20세 이상이면 누구나 참가할 수 있어서 당시 박사과정 동안 매듭이론을 공부하고 있던 나도 학교 게시판에 걸린 페임랩 포스터를 보고 참가를 결심하게 되었다.

'사람들은 수학을 싫어하니까 손에 끼고 있는 반지를 다항식으로 계산할 수 있다는 이야기를 하면 괜찮지 않을까?'

토크를 준비하면서도 심사위원들이 재미없어서 눈을 감지는 않을까 걱정이 앞섰다. 그러나 일상에서 찾은 소재여서인지 반응이 괜찮았다. 예선전 심사위원들은 수학 관련 주제로 하는 다른 참가자와 달리, 내가 수식을 쓰거나 의미를 설명하는 것에 집중하지 않고 일상에서 주제를 뽑아 가볍게 이야기하는 점이 좋았다고 하였다. 그렇게 해서 난 본선에 진출하게 되었다. 본선에서는 200여 명의 대중을 앞에 두고 발표를 하는 것이었다. 각자에게 주어진 시간은 3분, 본선은 2시간이 채 되지 않았지만 모두가 즐기기에 충분한 시간이었다. 나는 수상하지는 못하였지만 수학으로 참가하였다는 것 자체에 충분히 감사한 하루를 보냈다.

과학과 수학이 단순히 학문이 아닌 공연이 될 수도 있고, 축제가 될 수 있다는 것을 경험한 순간이었다. 대중에게 그 가치를 전달하는 일의 중요성과 함께 나의 직업적 소명감을 내 안에 가득 채운 날이기도 하였다.

무엇보다 공공기관에서 수학 과학과 관련된 의미 있는 일들을 많이 하고 있다는 것을 알게 되었다.

몇 해 전 우리나라에서 열린 평창동계올림픽 개막식에서는 약 1만여 대의 드론이 거대한 오륜기를 만들어 내는 드론쇼가 펼쳐졌다. 전 세계 사람들이 이를 보고 환호한 것은 당연하였다. IT, 통신 강국이라는 우리의 자랑스러운 과학기술의 성과가 드러난 국제적 행사였다.

이와 같이 수학과 과학이 접목되면 엄청난 기술 발전으로 이어질 수 있다. 이것은 단순히 학문적 연구 결과로만 나타나는 것은 아니다. 학문에 가치를 연결하고 기술로 발전시켜 나가야 하는 것이다.

수학의 가치를 전하는 일은 많은 생각과 노력, 연구가 필요하다. 수학의 대중화는 훌륭한 교수가 되어서 대중강연 몇 번 하면 되는 일이 아니다. 공부하고 연구한 내용을 텍스트로 적어내면 논문이 되고, 강연, 공연, 포럼, 축제, 워크숍 등의 형태로 풀면 행사가 되는 것이다. 드디어 내 적성을 찾은 것이다. 그것도 수학을 계속할 수 있는 적성을!

그 후 나는 연구 활동에 매진하기보다는 졸업 후 공공기관으로 진출해서 일할 수 있도록 배경 지식을 쌓는 데 노력하였다.

과학문화를 확산하고 여러 가지 교육의 중추적인 역할을 담당하고 있는 한국과학창의재단에서 일하고 싶다는 욕심은 더욱 커

수학과 과학을 접목하면
1만 대의 드론도 혼자서 움직일 수 있다

졌다. 과학기술과 교육과 관련된 다양한 연구를 해볼 수도 있고, 의미 있는 사업들도 많이 경험할 수 있는 데다 무엇보다 개인이 아닌, 국민의 행복을 목적으로 일한다는 점이 마음에 들었다. 나보다는 남을 위해, 우리 모두를 위해서 내가 헌신한다면 보람있겠다는 생각도 들었다. 그리고 나는 2016년에 운 좋게도 한국과학창의재단에 합격하였다. 또 하나의 목표를 이룬 것이다.

우리가 사는 이 세상은 우리가 알고 있고 우리가 생각하는 것보다 더 다양하고 변화가 많다. 그리고 그 속에는 우리가 상상한 것 이상의 다양한 진로가 존재한다. 수학과 과학을 그저 하나의 과목, 그리고 지겨운 학문으로만 생각하고 있는 친구들도 많은데 수학과 과학은 미술이 될 수도 있고, 건축이 될 수도 있고, 음악이 될 수도 있고, 하나의 문화가 될 수도 있다.

내가 선택한 공공기관에서는 수학과 과학을 대중화하는 여러 행사와 교육을 진행하고 있다. 다른 사람들이 많이 가지 않는다고 해서 그 길이 오답이란 법은 없다. 자신의 진로를 찾기까지는 수많은 길이 있고 잘 알지 못하는, 생각지도 못한 길이 정답일 수 있기 때문이다.

더욱이 4차 산업혁명 시대에는 융합적인 사고와 혁신이 우리 직업에도 많은 영향을 미칠 것이다. 진로는 내 이야기를 만들어

가는 과정이다. 우리가 하루하루 일상을 살아가는 그 길에서 만나는 다양한 이야기들이 나를 탄탄하게 하고 그 이야기들이 쌓여 나만의 아름다운 이야기를 완성하게 될 것이다.

매일 꿈을 생각하는
시간을 갖자

"넌 꿈이 뭐니?"

설이나 추석 때 친척들이 모이면 종종 묻는 질문이다. 아마 누구나 어렸을 때 어른들에게 이 질문을 받은 기억이 있을 것이다.

난 어렸을 때는 화가가 되고 싶었다. 그림을 잘 그려서가 아니고 TV에서 밥 로스라는 화가가 '참 쉽죠?'라고 말하면서 유화물감으로 그림을 슥슥 그리는 것이 멋있어 보였다. 그러나 초등학교 3학년 때 그 꿈은 이룰 수 없다고 생각하였다. 유화물감으로 그림을 그리는 동아리가 있었는데 5~6학년만 동아리에 들 수 있었다. 어린 나이에 난 크게 실망하였고 곧바로 화가가 되겠다는 꿈을 접었다.

다음에는 야구선수가 되고 싶었다. 운동신경이 뛰어나서가 아니었다. 친형이 집 근처 문방구에서 공을 자동으로 던져주는 기계를 사 와서 몇 번 해봤는데 나 스스로 꽤 잘 친다고 생각하였다. '엄마! 난 야구선수가 될 거예요.' 그러나 그 꿈도 오래가지는 못하였다. 재미를 많이 느끼지 못하였기 때문이다. 그렇게 초등학교를 다니는 6년 동안에도 내 꿈은 수시로 바뀌었다.

그러다가 중학생, 고등학생이 되니 꿈이 곧 대학 입학이 되었다. '수학 선생님이 되고 싶어요.'에서 '만약 지금보다 훨씬 더 공부를 잘한다면 '의대에 가고 싶어요.'처럼 꿈은 어느새 진로, 진학의 개념이 된 것이다.

대학원에 진학해서는 다시 초등학생 모드로 되돌아갔다. '대학원에서 공부 마치고 멋진 수학자가 되고 나이가 들면 금테 안경을 써야지', '나중에 올림픽 체조경기장에서 수학 콘서트를 열면 티켓 오픈 1분 만에 매진되는 슈퍼스타가 돼야지'라고 생각하며 상상에 가까운 꿈을 꾸었다.

'꿈'을 국어사전에서 찾아보면 세 가지 의미가 있다. '잠자는 동안 꾸는 꿈', '실현하고 싶은 희망' 그리고 '실현될 가능성이 아주 적은 기대'이다.

우리 친구들은 오늘 어떤 꿈을 꾸고 있는가?

중요한 것은 꿈을 꾼다는 것 그 자체이다. 그것이 실현하고 싶은 희망이든 실현될 가능성이 아주 적은 기대든 꿈을 꾸고 있다면, 실천하려는 의지가 따라오기 때문이다. 혹 지금 꿈이 없다면, 꿈을 생각하는 시간을 매일 갖는 것이 좋다. 너무 먼 미래의 꿈도 좋지만, 당장 할 수 있는 것, 지금 하고 싶은 작은 꿈을 생각하는 것도 좋다.

예를 들면, 과학을 좋아한다면 과학책 100권 읽기 도전의 꿈을 생각할 수도 있고, 노래하는 것을 좋아한다면 유튜브에 10곡의 노래 올리기 등의 꿈을 계획하는 것도 좋다. 꿈은 계획하고 실천하는 힘이 되기 때문이다.

꿈을 자주 생각하면 실천하게 되고 무엇인가 계속 시도하게 된다. 꿈을 마음속에 가지고 있다면 실패나 성공과 관계없이 시도하였다는 것 자체가 의미 있는 일이 된다.

컴퓨터 모니터, 문서 등 잠시 붙여놓았다가 쉽게 떼어낼 수 있는 3M 포스트잇도 한 연구원의 개발 실패에서 탄생하였다. 3M 연구소에 근무하던 연구원 아서 프라이는 시중에 출시된 제품보다 더 강력한 접착제를 개발하기 위해 연구에 매진하였다. 그런데 개발한 메모지는 접착력이 약해서 다른 곳에 강하게 붙지 않았다. 실패작이라고 생각하며 낙담해 있을 때 문득 새로운 아이디어가 떠올랐다. '만약 쉽게 붙였다 뗄 수 있는 메모지라면?' 실패

작의 이유가 되었던 것을 장점이라고 생각하니 갑자기 흥분되었다. 아서 프라이는 정식으로 상품화를 제안하였고 좀 더 보완하여 포스트잇을 출시할 수 있었다.

포스트잇 개발 스토리가 두고두고 이야기되는 이유는 실패한 상황에서 그대로 주저앉지 않고 그 안에서 교훈과 아이디어를 얻고 다시 시작하였기 때문이다. 만약 아서 프라이가 하나의 꿈만 보고 다른 꿈을 꾸지 않았다면 포스트잇 개발은 그대로 실패로 끝났을 것이다.

내가 생각한 꿈을 이루려면 무엇을 준비해야 할까? 천 리 길도 한걸음부터라고 하였다. 생각한 꿈을 이루기 위해서는 작은 것부터 실천하고 노력해야 한다. 꼭 버려야 할 것, 그리고 꼭 해야 할 것이 있다.

먼저 반드시 버려야 할 것은 오늘 할 일을 내일로 미루는 습관이다. 열심히 직업과 진로에 대해 생각하다가도 지금 당장 바쁘다는 핑계로 미래에 대한 준비를 계속해서 미루지는 않는지 자신을 돌아보자.

내 꿈을 이루기 위해 어떤 노력을 해야 할지 고민한다면 가장 먼저 미루는 습관부터 없애자. 기억하자. 지금 당장.

5

나의 하루를
소중히 생각하자

만약 누군가 "당신은 무슨 일을 하십니까?"라고 물었을 때, "저는 회사에서 운영하는 공식 사이트 사용 현황을 관리합니다. 매일 출근해서 어제는 얼마나 많은 사용자가 이용하였는지, 신규 가입자는 몇 명인지, 콘텐츠는 몇 개가 탑재되어 있고 다운로드는 얼마나 받았는지 확인합니다. 그리고 매주, 매월 누적 데이터를 통계로 정리하는 일을 하고 있습니다."라고 명확하게 대답할 수 있는 일을 하고 있다면 슬프지만 미래에는 인공지능으로 대체될 가능성이 높다.

2016년 세계경제포럼 보고서에 따르면 인공지능을 비롯하여 로봇공학, 사물인터넷 자율주행 자동차, 3D 프린팅, 바이오 기술 등으로 전 세계의 일자리에 큰 변화가 일어날 것으로 예측하고 있다. 특히 사무, 행정, 제조, 생산 분야의 단순 반복 업무들은 기계, 컴퓨터에 자리를 내줄 확률이 더욱 높다고 보고 있다. 미래에는 앞선 질문에 "글쎄요 매번 출근할 때마다 달라서 제가 무슨 일을 한다고 뭐라고 딱히 말하기 힘든 것 같은데요. 앞으로도 무슨 일을 하게 될지 모르겠습니다."라고 대답해야 계속 일할 수 있을지도 모른다.

4차 산업혁명 시대, 세상은 너무나 빠르게 변화하고 있다. 인공지능 발전이 더욱 그렇다. 알파고가 이세돌 바둑기사를 이긴 것도 불과 몇 년 전인 것 같은데, 이제는 카드게임 포커에서도 속임수까지 능수능란하게 사용하며 인간에게 승리한다고 한다. 또 우리가 평소에 사용하는 말로 토론하고 상대방과 논쟁을 주고받는가 하면, 미국의 주요 병원에서는 컴퓨터가 암 진단과 치료법을 조언하고 있으며, 증권 시장도 전부 컴퓨터가 지배하고 있다. 이제 자동차는 가솔린이 아니라 인공지능으로 달린다고 해야 맞는 표현일 것이다.

컴퓨터가 기사와 소설을 쓰고 음악을 작곡하고 미술작품을 그려내기도 한다. 미래에는 텍스트로 된 책을 읽기는 할까? 버튼만 누르면 3D 홀로그램으로 저자들이 나와서 책을 읽어주고 함께 토론

빠르게 변화하는 세상에서
어떻게 미래를 준비해야 할까?

할 수도 있다는 생각이 든다. 아니면 즉시 책 내용과 저자의 생각을 모두 이해할 수 있는 지식 용액을 담은 주사를 맞을 수도 있다.

이렇게 빠른 속도로 변화하는 세상에서 우리는 미래를 어떻게 준비해야 할까?

지금까지는 '1+1=2'와 같이 과정이 주어지면 거기에 따른 당연한 결과값을 얻을 수 있었다. 하지만 우리 친구들이 살아갈 미래에는 당연한 것의 기준이 지금과는 많이 달라질 것이다. 기존에 없던 새로운 지식이 생겨날 것이고, 기존에 경험하지 못한 새로운 기술을 접하게 될 것이다. 기존에 우리가 갖고 있던 선입견과 고정관념에서 벗어나는 새로운 사고가 필요한 것도 이 때문이다.

당연하다고 생각하는 것들을 '당연한 것은 없다'라고 생각하게 되면, 아이러니하게도 우리는 더 많은 가능성을 찾을 수 있다.

우리 생활 속에서도 당연하게 흘러가는 것은 없다. 우리의 미래도 마찬가지이다. 내가 추구하는 것에 따라서, 내가 노력하는 것에 따라서 모든 것이 달라질 수 있다. 즉, 변하지 않는 것은 오늘 우리에게 주어진 시간과 우리가 삶을 대하는 자세이다.

지금까지 '당연하다'고 생각하며 포기한 것들은 없는지, 그대로 주저앉아 버리고 싶은 마음은 없었는지 나를 돌아보자. 그리고 고정관념을 갖게 되는 것을 경계하길 바란다. 남들이 정하는 기준에 마음의 안정을 찾거나, 결정의 책임을 전가하는 것은 당장에 나를 속일 수는 있으나, 머지않아 스스로가 가장 먼저 알게 될 것이다.

내가 의미를 두는 부분이 무엇이고, 좋아하는 것이 무엇인지. 당장 혼란스럽고 결정하기 어려운 상황이라면, 잠시 멈추어보자. '당연하다'고 눈과 귀를 다 가리고 자신을 아주 좁은 구석에 세워두고 다그치고만 있는 것은 아닌지 먼저 살펴야 한다. 미래를 위해 매 순간 최선을 다하는 것부터 실천해 보자. 실천할 수 있는 가장 좋은 방법은 나의 하루를 소중히 생각하는 것이다. 현실을 불평하거나 과거의 일에 집착하고 후회하는 사람은 오늘이 주는 경험마저 놓칠 수 있다.

자! 이제 한 글자씩 천천히 써내려가 보자! 아직 완성되지 않은 나만의 스토리를 만들어 보자!

내가 나아갈 길, 진로는 나에게 의미를 부여하는 것

1

⋮

내 이름이 좋아요

아마도 그때가 사춘기의 시작이었던 것 같다. 내 이름이 싫어졌던 중학교 2학년 어느 봄날. 오랫동안 살던 대전 변두리에서 신도시의 새 학교로 전학을 갔다. 늘 붙어 다녔던 언니와 남동생과 서로 다른 학교로 가게 되어 온 신경을 곤두세우고 있던 그때. 새로 만난 반 친구가 무심코 던진 그 말!

"이름이 어떻게 정지선이야? 완전 웃긴다."

친구의 말은 내게 엄청난 충격이었다. 그때까지 난 단 한 번도 내 이름을 같은 소리를 내는 다른 의미와 연결 지어 생각해 본 적이 없었다. '도로 위의' 정지선이라니! 나는 그냥 지선이었고, 내 조상의 성이 '정'이어서 '정지선'이었을 뿐이었다. 가족과 친구들은 거의 성을 빼고 지선이라고 불렀고, 학교에서는 정지선이라고 불린 적이 많았지만, 그 세 음절은 그저 내 성과 이름의 조합일 뿐이었다.

그런데 심드렁한 친구의 '어떻게', 그리고 '웃긴다'라는 단어가 내 이름을 순식간에 세상에서 가장 촌스럽고 창피하고 무의미한 이름으로 만들어버린 것이다.

그때부터 누군가 성과 이름을 붙여서 나를 부르면 소스라치게 놀랐다. 또 주변에서 나를 비웃지는 않는지 신경이 쓰였다. 때마침 엄청나게 유행하던 TV 인기 예능 프로그램의 '정지선을 지킵시다!'라는 캠페인은 내게 너무나 혐오스러운 시간일 수밖에 없었다.

사춘기 청소년들이 그러하듯 당연히 예쁜 이름을 생각해 보며 현실도피하고 싶었고, 내 이름을 우스꽝스럽게 만든 부모님을 원망하기도 했다. 한번만 주의 깊게 '정지선'이라는 이름을 되짚어 보았다면 내 이름이 달라졌을까? 나는 부모님에게 대충 이름 지어져도 상관없는 그런 존재였던가? 앞으로 나는 이 부끄러운 이름을 평생 갖고 살아야 하는가? 아니 부모님도 별로 신경 쓰지 않는 나는 진정 소중한 존재인가? 그냥 대충 살아도 아무도 슬퍼하지 않을 거야! 등등.

그렇게 전형적인 사춘기 시절의 방황은 내 이름 석 자에서 시작되었다. 다행히도 부모님의 굳건한 지지와 배려 덕분에 나의 방황은 적당한 선에 머물렀다. 그리고 오래지 않아 이름에 관한 문제를 해결할 방법을 찾았다. 바로 한자로 이름을 적기 시작한 것이다.

한글로 '정지선'은 도로 위의 그것을 떠올리게 하지만, 한자 이름 '정지선(鄭智鮮)'은 그 모양부터 다른 데다 굉장히 꽉 찬 한자들로 되어 있어 뭔가 나를 충만하게 보여 주는 듯한 묘한 보상감을 느끼게 해줬다. 또 지혜롭고 맑은 사람이 되길 바라는 부모님의 마음이 느껴져서 왠지 부모님의 마음에 부응하여 지혜롭고 맑은 생각을 갖고 살아야 할 것 같은 목표 의식도 생겼다.

물론 '선(鮮)'자 때문에 고등학교 때 '생선'이라는 놀림이 잠시 있었으나, 이미 나는 '정지선'이라는 이름이 좋아진 후였기에 웃으며 넘길 수 있을 정도로 단단해졌다.

생각해 보면 '이름'이 주어진다는 것은 그것이 생물이든 무생물이든 정말 엄청난 선언이 아닐 수 없다. 그것을 낙인으로 짊어질 것인지 각인으로 내세울 것인지는 의미를 부여하고자 하는 누군가의 의지에 달려 있다.

태어나서 가장 많이 들었을 질문, "이름이 뭐예요?", 우리 친구들은 자신의 이름을 좋아하는가? 대답이 무엇이든 지금부터는 내 이름이 좋은 이유를 만들어 보자. 태어나 스스로 말을 하게 된 이후에 수없이 말하였을 나의 이름. 나의 이름은 곧 나 자신이며, 나를 아는 모든 사람들에게 새겨질 내 모습의 가장 근본이기도 하다.

이름 석 자로 시작하는 우리 모두의 인생, 어떻게 채워갈지는 나의 의지에 달려 있다.

2

내가 뭘 좋아하는지
잊지 말자

레오나르도 다 빈치(Leonardo da Vinci)는 '모나리자'와 '최후의 만찬'을 그린 이탈리아를 대표하는 천재적 화가이다. 레오나르도 다 빈치는 미술뿐만 아니라 과학에도 뛰어난 재능을 보였다. 그림을 무척 잘 그렸던 천재 발명가이자 과학자.

아마도 그는 사진기가 없던 시대에 자기가 보고 느끼고 생각한 것들을 정확하게 기록하기 위해 더 정교하고 더 정확하게 그림을 그리려고 노력한 것이 아닐까 생각된다. 그는 회화와 조각을 하는 화가의 공방에 견습생으로 들어가 잔심부름 같은 허드렛일을 하면서 그림을 배우기 시작하였다. 이후 건축과 과학 등 수많은 분야로 관심을 확장해 나갔다. 이 모든 부분에 정교한 그의 그림 솜씨는 말할 것도 없이 중요한 역할을 하였다.

그 결과, 오늘날 우리는 그의 생각을 거의 그대로 이해할 수 있을 만큼의 훌륭한 기록을 갖게 되었다.

그가 처음부터 '나는 지질학, 해부학, 유체역학 등에 대한 것들을 연구하고 말테야!'라고 인생을 시작한 것이 아님은 당연한 일이다. 좋아했고, 잘하는 것을 시작으로 점점 그의 세계가 넓어진 것이다.

진로는 진학을 포함하는 넓은 범위의 개념이지만, 일반적인 대한민국의 청소년이라면 진학과 진로를 별개로 생각하기 어렵다. 그래서 우리 친구들은 하루의 대부분의 시간을 학교에서 보내며, 대입이라는 진학에만 목표를 두는 경우가 많다. 다양한 경험을 만나고 체험할 수 있는 시간적 여유도 부족한 것이 현실이다. 또 하나의 미래를 그려보고 이야기하는 단순한 일상을 경험하는 것이 대학이라는 장벽에 묻혀 퇴색되기 일쑤다.

최근의 교육정책을 보면, 실제 교육 현장에서도 점점 다양성을 추구하며 새로운 시도들을 하고 있지만, 그 역시 대학이라는 큰 장벽을 마주하면 별다른 방향이 보이지 않는다. 대부분의 친구들이 여전히 국영수사과의 늪에서 허우적거린다고 느끼며 사춘기의 우울 속에 갇혀 있는 것도 이 때문이다.

나는 문과 체질의 취향을 갖고 있었다. 점수를 잘 받고 못 받고를 떠나서 수학이나 과학보다는 언어와 사회 과목이 훨씬 재미있었다. 그래서 사회 과목은 점수가 낮아도 아쉽기는 하였지만 슬프지는 않았다. 점수와 상관없이 그저 좋아하였으니까. 그러나 수학과 과학 점수는 날 항상 우울하게 하였다. 공부할 때도 너무 괴로웠다. 해야 하는 공부와 하고 싶은 공부, 더 알고 싶은 것과 시험을 위해 반드시 알아야 할 것이 다름에서 오는 야속함 때문이었다.

미적분을 더 풀어봐야 하고, 원리를 깨우치려 노력해야 하는데, 나는 자꾸 스토아학파의 면면을 더 파헤쳐보고 싶어졌다. 수학 문제를 풀 때는 한 쪽을 넘기기가 그렇게 어려운데, 언어 문제를 풀 때는 매일 풀려고 표시해 둔 것을 지나쳐 며칠 분을 한번에 풀어도 시간이 아쉬웠다.

중학교 때까지는 그래도 꾹 참고 나 자신과 약속한 대로 수학도 과학도 어느 정도 성적까지는 따라갈 수 있었다. 그런데 고등학교 때는 정말 힘들었다. 지금도 별반 다르지 않지만, 내가 고등학교에 다니던 시절에도 야간자율학습이 있었다. 아침 8시에 등교하면 밤 11시가 되어서야 학교를 나서 집에 돌아왔다. 눈 떠 있는 대부분의 시간을 학교에서 보냈다고 해도 과언이 아니다. 5시 정도에 정규수업과 보충수업이 끝나면 그 이후 시간은 내내 자율학습이었다. 그야말로 자신과의 싸움인 것이다.

수학과 과학은 내게 버릴 수 없는 짐 같은 것이었다. 자율학습 시간에 수학과 과학에만 몰두해 보자고 매일 같이 다짐에 또 다짐을 하였다. 억지로라도 수학과 과학을 봐야 한다는 마음에 수업이 끝나면 수학, 과학책만 빼고 나머지는 가방에 모두 넣어 아예 가방을 복도에 내놓기도 하였다.

처음엔 좀 효과가 있었다. 하지만 시일이 흐를수록 저녁을 먹고 나면 소화가 안 되고, 우울해지고, 사소한 소음에도 예민해지면서 집중력이 점점 떨어졌다. 그러다 보니 생각보다 진도도 안 나가고, 자기혐오와 자기연민의 갈래에서 갈피를 못 잡고 괴로워 노트에 낙서를 하며 시간을 보내는 일이 많아졌다.

아무도 뭐라고 하지 않았지만 내가 정한 만큼 진도를 빼야 한다는 압박감에 슬그머니 정답지를 보고 베껴가면서까지 스스로 정한 문제집 할당량을 채우고 있었다. 어느 날 문득 그런 내 모습이 너무 불쌍하게 느껴졌다.

당시에 담임선생님께서도 내가 혼자 비극의 여주인공처럼 악순환의 쳇바퀴를 도는 것이 안쓰러웠는지, 진학 상담을 하며 이런 이야기를 해 주셨다.

"싫은 사람을 계속 바라본다고 좋아지는 것은 아니야. 좋은 사람이 옆에서 응원해 주면 싫은 사람과도 잘 지낼 수 있지!"

그래서 나는 그날부터 전략을 바꿨다. 하루 분량을 10장으로 정하지 않고, 국어나 사회 문제 5개를 풀면, 수학 문제나 과학 문제 2문제를 푸는 것으로! 책상에는 여러 개의 문제집이 펼쳐져 있어서 남들은 내가 뭘 하고 있나 싶겠지만, 놀랍게도 나에겐 효과가 있었다.

　10장을 풀려고 아등바등 꾸역꾸역 시간을 먹어치우는 것보다는 쓴 약을 꼴깍 마시면 달콤한 사탕을 먹을 수 있는 것처럼, 수학 문제 2개를 스스로 잘 풀면, 상으로 나에게 사회 문제 5개를 풀 수 있게 해 주는 식이었다.

　우리 언니는 나와는 완전히 반대였다. 한 학년밖에 차이나지 않는 언니는 스트레스를 받을 때면, 이어폰으로 노래를 들으며 수학 문제를 풀었다. 수학 문제 푸는 것이 스트레스를 풀기에 더없이 좋다고 하면서!

　"잘 짜여진 블럭을 맞추듯이, 수학은 깔끔하게 딱딱 맞추어지고, 결과가 명확하니까 기분이 상쾌해져."

　들고 보니 이해가 가는 부분이다. 만약 1차 방정식만 풀어도 된다면 나도 언니의 의견에 동의했겠지만, 수학은 나와 친해지기엔 너무 어려웠다.

　수학을 오래 공부한다고 머리가 수학적 뇌로 바뀌었다가, 언어를 풀면 다시 언어적 뇌로 바뀌는 것은 아니다. 조각조각 공부

해도 다 제 자리를 찾아 피가 되고 살이 된다고 믿는다.

그렇다고 내가 수학과 과학 시험을 엄청 잘 보았다는 결말은 아니다. 그러나 적어도 스스로를 꾸짖으며 압박하고 좌절하던 악순환의 굴레는 벗어던질 수 있었다. 결국엔 내가 좋아하고 나에게 맞는 방법이 있다는 깨달음을 얻은 좋은 경험이 되었다. 저마다의 효율적인 공부 방법이 있듯이 나의 공부 방법을 찾은 것이다.

이 글을 읽는 우리 친구들도 지금 해야 하지만 하기 싫은 무언가와 줄다리기를 하고 있을 수 있다. 그럴 때는 조금 짧은 호흡으로 지치지 않고 계속 달릴 수 있도록 스스로가 좋아하는 것을 적재적소에 배치해 두는 것을 추천한다.

공부를 예로 들긴 하였지만, 세상 사는 모든 일이 그렇다. 좋아하는 것은 누가 시키지 않아도, 알아서 한다. 우리가 학교에서 배우는 것이 꼭 국어 영어 수학만은 아니다. 음악, 미술, 체육과 같은 전통적인 과목 외에도 요즘은 미디어, 요리, 방송, 컴퓨터 등 많은 것들을 접하고 있다. 그 대상이 무엇이건, 내가 호기심이 생기고, 자꾸 생각나고, 누가 시키지 않아도 하게 되는 것들이 있다면, 그것이 바로 우리 친구들이 찾고 있는 '좋아하는' 것이다.

스스로 하고 싶어 하는 무언가를 찾는 것! 그것이 바로 배움의 과정이자 목적이다.

'커서 뭐가 되고 싶니?'라는 질문에 '무엇'을 이야기해야 할지 막연한 것처럼 내가 어떤 대상에 갖는 관심이나 흥미가 진로라는 것으로 확장 가능한 것인지에 대한 확신을 갖기란 어렵다. 또한 나의 호기심이 가볍게 외면을 당할지도 모른다는 두려움에 용기 내어 누군가와 의논하기도 어려울 수 있다.

내가 좋아하는 것, 내가 관심 있어 하는 것을 찾는 것은 무엇보다 중요하고 값진 일이다. 그것이 '무엇'이든 간에 내 안의 배움의 열정을 불러일으킨다면, 그 '무엇'에 자신 있게 풍덩 빠져볼 것을 추천한다.

배움에 도전하는 것은 당장의 내게 무언가를 주진 않더라도 내 삶의 방향과 질을 결정하는 데 도움을 줄 것이다.

어떤 일에든 사람은 하고자 하는 마음이 일어나야 시작할 수 있다. 하다못해 밥을 먹는 것도 '배가 고프다, 그러니 밥을 먹고 싶다'는 동기가 밥을 먹는 움직임을 만든다. 이처럼 모든 일에는 '동기 부여'가 무엇보다 중요하다. 스스로가 하고 싶어서 하는 것, 요즘 학부모들이 오매불망 기원하는 "자기주도학습"이 바로 이것이다. 내가 관심 있는 것을 씨앗으로 하여 점점 더 알게 되고, 이와 연계된 다른 영역으로 확장하면서 새로운 분야로 나아갈 수 있다면, 이것이야말로 지금 학계에서 가장 '힙'한 '융합'이라고 할 수 있다.

교과서만 파며 시험에만 집착하던 시대는 이미 지났다. 특히 4

내 안의 무한한 가능성을 찾아
내가 좋아하는 것에 열정을 쏟아라!

차 산업 혁명 시대에 우리 친구들이 만나게 될 '진로'는 우리가 상상하는 것 이상으로 다양화될 것이다. 요즘은 초등학교 때부터 특성화 교육 등의 이름으로 다양한 진로에 대한 도전과 확장을 응원하고 있다.

예를 들면, 요리학원은 더이상 취업전선에 있는 어른들이 자격증을 따기 위해 훈련받는 곳이 아니다. 유아들의 오감발달을 위한 놀이터이기도 하고, 청소년들의 색다른 과학탐구를 위한 실험실이 되기도 한다. 요리를 통해 맛있는 음식을 만드는 것만이 아니라, 누군가는 재료의 손질과 보관에 관심을 보일 수 있고, 누군가는 조리하는 온도와 조건에 더 관심을 가질 수 있다. 또 누군가는 조리 도구의 모양과 효율성에 관심을 갖고, 또 다른 누군가는 만들어진 요리의 플레이팅이나 상차림 같은 디자인에 관심을 가진다. 요리라는 일련의 과정에서도 셀 수 없이 다양한 분야로 확장이 가능하다.

요리뿐 아니라 음악, 연예인, 소설, 만화, 운동, 하다못해 매일 하는 청소, 세수, 옷 입기나 손발톱 깎기까지도 수많은 분야의 관심으로 세분되고 확장될 수 있다.

손톱 깎는 소리에 빠졌다고 해보자. 손톱 깎는 소리가 너무 상쾌하고, 손톱깎이의 그 파워풀한 퍼포먼스가 좋아서 손톱깎이에 관심을 갖다 보니, 과학적인 지렛대 원리를 그대로 옮겨놓은 생활과학을 발견할 수도 있다. 이를 통해 지렛대의 원리가 무엇인지, 그 원리가 활용된 다른 예에는 어떤 것이 있는지, 비슷한 과학 원리는 무엇인지…. 이렇게 계속 생각의 이어짐을 통해 단순한 관심이 나에게 스스로 탐구할 수 있는 동기 부여로 확장될 수 있다.

당장은 아무짝에도 쓸모없고 누군가에게 말하기도 민망한 손톱 깎는 취미가 나중에 엄청난 과학적 원리의 근간이 되어서 인류의 난제를 풀 열쇠를 안겨 줄지도 모른다.

우리 친구들이 무엇을 좋아하든 열심히 좋아하길 바란다. 좋아하는 것에 열정을 쏟다 보면 분명 내 안에 꽁꽁 숨겨진 '무한 가능성'이라는 금맥을 찾아내게 될 테니까 말이다.

단, 다른 사람 눈치 보지 말고 열심히 하길 응원한다.

3

⋮

방황해도 괜찮아!

방황의 사전적 의미는 '이리저리 헤매어 돌아다님', '분명한 방향이나 목표를 정하지 못하고 갈팡질팡함'이다. 방황은 '청춘'이라는 단어와 매우 밀접한 느낌을 갖는다. 아마도 가능성이 무한한 청춘 시기의 도전과 실패, 그리고 그 사이에서 느끼는 좌절감 등이 방황이라는 형태로 비춰지기 때문일 것이다.

우리 친구들도 사춘기를 겪고 진로에 대한 고민을 하면서 다양한 형태로 '방황'을 겪는다. 청소년기에 뚜렷하게 무언가를 확신하여 추구해 나가는 것은 쉽지 않다. 분야를 막론하고 어떤 일로 유명해진 사람이나 소위 훌륭한 업적을 이룬 사람들도 학창 시절 '방황'하였던 경험담을 심심찮게 이야기하곤 한다. 이처럼 방황은 우리 모두가 경험할 수 있는 매우 자연스러운 과정이다. 독일의 대문호 괴테는 '파우스트'에서 이렇게 말하였다.

"인간은 노력하는 한, 방황하게 마련이다."

방황을 한다는 것은, 적어도 내가 노력하였다는 반증이기도 하다.

대중가수 '아이유'는 나이에 비해 성숙한 감성으로 남녀노소에게 넓은 사랑을 받고 있다. 아이유가 유복한 유년 시절을 보내지 못하였다는 것은 여러 인터뷰들을 통해서 접할 수 있는데, 그녀의 많은 인터뷰 중에 특히 기억에 남는 부분이 있다. 바로 '일기' 쓰기이다.

그녀는 어린 시절부터 지금까지 매일 일기를 쓴다고 한다. 어린 시절 데뷔해서 방송일에 고단하고 힘든 날들도 가능한 한 줄이라도 무언가 메모할 수 있도록 노력한다고 한다. 실제 그녀의 깊은 생각이 담긴 듯한 노랫말들은 바로 꾸준히 써온 일기에서 모티브가 된 것들이 많다.

방황하는 이유는 아마 나에 대한 기대에 실망하였기 때문일 것이다. 나를 똑바로 보려고 하지 않고, 남들의 눈을 빌어 나를 속이려고 한 스스로에 대한 배신감이 결국 방황을 만든다. 일기를 쓴다는 것은 꽤나 솔직한 자기 반성문이다. 굳이 시간을 들여서 다른 사람이 보기에 멋있어 보이는 일기를 쓰는 경우는 드물기 때문이다. 나를 솔직히 드러내는 시간! 그 시간을 통해서 나를 발견하고 발전시키는 힘을 얻을 수 있다.

요즘 우리 친구들 사이에서 힐링의 방법 중 하나로 '다꾸(다이어리 꾸미기)'를 한다고 한다. 다꾸는 사실 요즘의 일만은 아니다. 내가 중고등학생 때도 색색깔의 펜으로 그리고 쓰고 붙이며 다이어리를 꾸몄다. 새삼스레 '다꾸'가 다시 유행하는 이유는 무엇일까? 결국 사람들이 종이에 힘주어 무언가를 쓰는 행위를 통해 과도하게 쌓인 감정을 내려놓고, 또 치유를 받고 싶다는 마음이 있기 때문일 것이다.

일기나 다꾸처럼 일상을 글로 적는 것은 무형의 생각이나 감정이 유형의 것으로 남겨지는 과정이다. 따라서 방황하는 시기에 일기를 쓰는 것은 갈피를 못 잡고 방황하던 많은 것들이 고정되는 묘한 경험을 느낄 수 있는 좋은 해결책이 될 것이다.

지금도 서점에 가 보면 여전히 '중고생이 읽어야 할 필독서'라는 제목의 모음집들이 눈에 띈다. 내가 입시 준비를 하던 때도 그랬다. 나에게 필독서는 괴로운 할당량이면서도 맘 편한 딴짓이었다. 지식을 머릿속에 쑤셔 넣는다고 할 만큼 중고등학생들의 학습량이 엄청난데, 문학 작품 역시 그 대상이었다. 예술 작품으로

서의 가치를 느낄 여유 따위는 없이, 전체 주제, 문단별 주제, 단어의 뜻, 사회 배경, 표현 방식 등을 문제를 풀기 위한 지식의 단편으로 정리하여 기억해야만 하였다. 그런 가운데서도 일부의 시간은 그저 예술 작품으로서 음미하며 일탈 아닌 일탈을 할 수 있는 소중한 시간이기도 하였다.

이때 읽었던 책 가운데 이상의 「날개」라는 소설은 충격 그 자체였다. 뭐라고 하는지 솔직히 이해도 잘 되지 않는 천재작가의 불친절한 이야기는 한창 저항감과 답답증이 팽배하던 입시생에게 '날자, 날자, 날자, 한번만 더 날자꾸나!' 하면서 마음을 들썩이게 하는 기폭제가 되었다.

요즘 학생들 사이에 중독성이 강해 집중에 악영향을 주는 노래들을 '수능금지곡'이라고 한다는데, 이상의 '날개'는 그런 면에서 나에게 '수능금지작'이었다.

내가 중3부터 고2때까지 꿈꾸었던 직업은 우주비행사였다. 이상의 '날개'뿐 아니라 수많은 문학에서 새의 자유로운 날갯짓을 자유에 비유하듯이, 나는 중력에서 탈피하고 싶었다. '난다'는 것이 주는 해방감에 매료되어 비행기를 직접 조종하고 싶었고, 할 수 있다면 중력도 벗어나 보고 싶다고 생각하였다.

좋아하는 것을 정하니 어떻게 해야 할지 보이기 시작하였다. 우선 조종사가 되기 위해서는 과학 쪽으로 진학을 고민해야 하였다. 당시 생각한 것은 공군사관학교, 항공우주공학과 같은 대학 진학이 1차적 목표였다. 하루에도 수십 번씩 마음이 들썩거렸고, 당장 내일 우주로 날아갈 듯이 우주선을 설계하느라 UFO 같은 우주선을 그리며 꿈에 부푼 시간을 보냈다. 그런데 생각하지 못한 변수가 있었다. 우선 공군사관학교를 가려면 특히 조종사에게 요구되는 체격, 체력 조건이 있었다. 난 운동에는 전혀 소질이 없었다. 단순한 기본 조건인 팔굽혀펴기 10개가 문제가 아니었다. 체격 조건도 미달이었다. 또 항공우주공학과 같은 과를 진학하기 위해서는 내가 싫어하는 수능 계열(이과), 진학 가능 점수대 등을 만족해야 하였다. 당시에는 그런 것들을 소위 '의지'로 해결할 수 있을 것만 같았다. 구체적인 목표도 없이 그저 되겠지, 될 거야 라는 마법만 스스로에게 불어넣었다.

체계적이지 못하고 구체적인 계획도 없던 것에 대한 대가는 얼마 지나지 않아 나타났다. 호기심에만 들떠 그야말로 명확하지 않은 목표와 전략의 부재 속에 '방황'을 하게 되었다. 안 되는 운동을 극복해 보겠노라고 너무 많은 에너지를 소비하다 보니 매일 쓰러지듯 잠들기 바빴다. 또 피곤이 쌓여 책을 펼치지 못하는 날이 계속되면서 해야 할 공부는 그대로 쌓여만 갔다. 모의고사 성적이 믿을 수 없는 숫자로 채워지게 된 것도 순식간이었다.

내 열정에 취해서 노력하면 무엇이든 할 수 있다는 무모한 생각만 하다가 내가 아주 기본적인 체격조건과 시력조건마저도 충족하지 못한다는 사실을 간과했다. 타고난 신체 조건을 노력만으로는 바꿀 수는 없는 노릇이었다.

내가 대체 뭘 하고 있는지 자괴감마저 들 때쯤, 우주비행사가 되기 위해 필독하던 과학 잡지에서 '우주 농업'이라는 키워드를 접하게 되었다. 우주 공간에서는 지구와는 다른 형태와 성질로 자라는 식물에 대한 연구 기사였는데, 평상시에 식물을 좋아하였기 때문에 다른 어떤 내용보다 관심있게 보았다. 항공우주공학과 같은 전공이 아니어도 우주에 갈 수 있는 길이 있다는, 너무나 당연한 사실을 깨닫는 순간이었다. 그것은 지금의 내 꿈을 접어도 괜찮다고 스스로에게 '허락'해준 엄청난 사건이었다. 내가 좋아하던 '식물'이 나에게 방황을 마쳐야 할 이유를 슬그머니 알려준 것이다.

거의 2년 넘게 나를 흔들어대던 진로에 대한 방황은 그렇게 허무하게 사그라들었다. 그저 일주일에 한 시간뿐인 체육 시간조차도 즐기지 못하는 내가 지덕체를 겸비해야 하는 사관생도로 거듭나기 위해 나를 괴롭힐 필요가 없다는 것을 깨달았다. 이과가 싫어서 부모님의 반대에도 불구하고 굳이 외국어고등학교로 진학한 마당에 항공우주공학과를 목표로 한다는 이해하지 못할 주장을 더이상 선생님과 부모님께 강요할 필요도 없었다. 그저 내가 할 수 있는 공부를 하면 되는 상황이 되었다.

아무도 나에게 강요하지 않았음에도, 혼자서 만들어 놓은 이상한 새장 안에 갇혀서 새장을 부수고자 구체적 방향없이 무작정 날기만 한 순간에서 내려오게 되었다. 그렇게 상처받던 새가 스스로 문을 열고 새장을 벗어날 수 있게 된 것이다. 부처가 이야기한 '모든 것은 마음먹기 나름'이 바로 나를 두고 하는 이야기였다.

나의 입시 준비는 고2 여름방학부터 본격적으로 시작되었다고 해도 과언이 아니다. 정말 신기하게도 문제집을 푸는 것이 재미있어졌다. 당연히 공부하는 시간 동안의 집중력도 높아졌다. 가족들, 친구들에게도 편한 마음으로 대하게 되니 스트레스도 없어지고 기분도 좋아졌다. 모의고사 점수도 조금씩 올라가기 시작하였다. 당시에도 목표하는 대학이나 학과는 딱히 없었지만, 내게 주어진 오늘의 일을 열심히 할 수 있었다. 그렇게 지금 내 임무에 충실하니 모든 것이 선순환되며 풀리는 경험을 하게 된 것이다.

한동안 방황을 하였지만, 공부와 입시가 고통스러운 것만은 아니며, 스스로 성장하는 것을 느끼게 해 준 값진 시간이라는 것을 깨달았다. 식상하지만 역시 '스스로 즐기는 자는 언제나 승리한다'라는 말은 진리이다.

가끔 이런 생각을 해본다. 고2 여름방학이 아니라, 고1 때부터 그렇게 열심히 공부하였으면 대학 간판이 바뀌었을까? 답은 "그

릴 리 없다."이다. 어차피 정지선이니까! 우리에게는 지금, 이 순
간의 나를 사랑하고 지금 바로 준비하는 게 최선이다. 그게 내가
할 수 있는 최선의 선택이고 행동이다.

매순간이 선택의 기로

달력을 보면 양력과 음력을 알려주는 숫자 외에도 참 많은 날들이 있다. 24절기, 국경일, 명절, 그리고 수많은 기념일들. 그중에서 우리나라의 모든 달력에는 딱 세 명의 생일이 기록되어 있는데, 양력으로 두 명, 음력으로 한 명이다. 우리나라 국민이라면 모두 맞출 수 있을 것 같은데, 누굴까?

힌트를 준다면, 두 명의 생일은 공휴일로 지정되어 있다. 바로 음력 4월 초파일 부처님의 탄신일, 양력 12월 25일 예수님의 탄신일이다. 나머지 한 명의 생일은 공휴일은 아니다. 양력 4월 28일, 바로 충무공 이순신의 탄신일이다.

우리나라 역사상 가장 성군으로 추앙받는 세종대왕의 탄신일도 없는데, 이순신 장군의 탄신일은 달력에 기록되어 있다.

처음 이 사실을 안 것은 대학생 때였다. 학교가 있던 서울에서 대전 집으로 내려오던 길에 기차역에서 우연히 아산의 '성웅 이순신 축제' 광고를 보고, 달력을 넘겨보다가 알게 되었다. 대한민국이 챙겨주는 생일이 오로지 예수님, 부처님, 그리고 이순신 장군이라는 사실을! 우리나라 사람이라면 남녀노소를 불문하고 이순신 장군에 대해 잘 알고 있을 것이다. 우리나라의 심장 정도의 위치로 묘사할 수 있는 광화문에서도 가장 높은 자리에 그 동상이 떡하니 서 있다.

이렇게 대단한 이순신 장군의 삶은 어땠을까? 자세히 보면 너무나 끔찍한 인생이다. 충심을 왜곡하는 정쟁 속에서 버려지고, 백성들의 아픔을 외면할 수 없어 척박한 환경에서도 외로이 나라를 지켰다. 그러다 왜구들에 의해 처자식이 죽임을 당하고, 결국 전장에서 총에 맞아 삶을 마쳤다.

후세에 길이길이 추앙받고 싶다고, 이순신 장군처럼 살기를 원하는 사람이 있을까? 아마 이순신 장군도 그런 삶을 원하지는 않았을 것이다. 단지, 자신의 소신을 지키고자 노력한 그 시절이 참으로 어려운 시절이었기 때문에 그렇게도 살얼음 같은 삶이 되었고, 또 그런 삶을 견뎠기 때문에 지금 우리는 이 나라를 향한 그의 충정에 깊이 감동하고 그를 존경하는 것이다.

그런데 실제 이순신 장군의 삶은 보통 사람들과 크게 다르지 않았다. 기록에 따르면, 이순신 장군은 28세에 처음 무과시험에 응시하였으나 이때 말에서 떨어져 부러진 정강이를 나무로 대고 다시 시험을 치뤘다고 한다. 결국 시험에서도 떨어졌다. 32세가 되어서야 무과에 급제하여 (그것도 장원은 아니었다) 관직을 받았는데, 당시 약관의 나이는 20세였다. '오성과 한음'도 그 나이 즈음에 과거급제를 하였으니, 이순신 장군이 32세에 관직을 받은 건 매우 늦었다고 볼 수 있다.

우리가 잘 알고 있는 위인들의 전기를 읽다 보면 세 살이면 사서삼경을 외고, 다섯 살에 시를 읊었다고 하는 이야기를 흔히 접할 수 있다. 여기에 빗대 보면 이순신 장군은 그야말로 '정직하게 자신의 삶을 살던' 보통 사람이었을 것이다. 그저 선택을 해야 하는 순간에, 배경이 어떻든 나의 이익이 어떻든, 이후의 고난이 뻔히 보이더라도 소신껏 본인이 생각하는 옳은 선택을 한 것이 지금의 이순신 장군을 만든 것이다. 그 간단한 것이 정말 어려운 일이라는 것을 모든 사람이 알고 있기 때문에 후세에 우리가 이순신 장군을 위인으로 칭하고 있는 것이다.

내게도 진로 선택의 중요한 단계인 대학 진학의 순간이 찾아왔다. 우리 친구들도 그렇겠지만 나 또한 명확하게 나의 진로를 찾지 못한 상태였다. 진로에 대해 아무리 원론적인 이야기를 해도 직업 연관성이 강조되는 우리의 관념상, 대학 진학을 곧 직업으로 연결지어 생각해야만 하였다.

중고등학교에서 진로 강연을 하다 보면 진로에 대해 많은 질문을 받는다. 대부분의 질문이 자신의 원하는 곳이 아닌, 성적에 맞춰 또는 부모의 기대에 맞춰 가야만 하는 대학에 대한 질문이다. 게다가 학과를 정하였어도 제대로 된 정보 없이 학과에 대한 추상적인 느낌만 가지고 질문할 때가 많다. 그럴 때마다 나는 여러 가지 의미에서 학과와 목표하는 학교에 대해 사전 정보를 좀 더 탐색한 후 선택하라고 조언한다. 특히 요즘은 이름만으로는 무엇을 공부하는 학과인지 전혀 알 수 없는 학과도 많다. 이때 관련 지식을 미리 알고 있다는 것은 매우 중요하다.

당시 나는 진로에 대한 구체적인 생각을 확정하지 않은 상태에서 그나마 내가 할 수 있다고 생각한 학과를 진로로 정하였다. 우선 내가 좋아하던 식물, 약초 공부를 할 수 있는 과라고 생각되는 학과가 눈에 띄었다. 바로 '한약학과'였다. 학과 이름만 보고 약초 공부를 할 것이라고 선택한 과였다. 물론 입학한 후 내가 생각한 것과는 너무도 달라 실망을 많이 하였다. 약초를 공부하기 위해서는 먼저 내게는 외계어와 다름 없는 여러 종류의 '화학' 공부를 해야만 하였기 때문이다. 고등학교 때와는 달리 치열하게 극복해야 할 대상은 아니었기 때문에 마음은 좀 더 가벼웠다. 또한 단계를 넘어가기 위한 기초이며 경쟁이 아닌 새로운 시도라고 마음을 바꾸니 배움의 자세도 달라졌다. 새로운 것을 즐겁게 받아들이는 것도 대단한 능력이라고 자부하면서!

우리의 삶은 곧 선택의 과정과 결과로 이루어진다. 음식을 먹을 때도, 옷을 고를 때도, 친구와 시간을 보낼 때도, 하루의 계획을 세울 때도 우리는 어떤 하나를 선택해야만 한다. 그리고 무언가를 선택하였다면, 그것은 최상은 아니어도 그 순간의 최선이었을 것이다.

때로는 잘못된 선택을 할 수도 있고, 선택의 순간을 망설이다 시간을 그냥 흘려 보낼 수도, 선택 이후의 또 다른 선택의 실수로 앞선 선택을 망칠 수도 있다. 그럼에도 우린 매번 선택하는 순간을 마주할 수밖에 없다. 특히 진로, 진학이라는 선택은 우리 친구들이 처음 마주하는 가장 큰 선택의 순간일 수 있다. 고등학교 때까지는 대학이 전부라고 생각할 수 있지만, 대학도 하나의 선택에 불과하다는 것을 생각해야 한다. 우리는 계속 또 다른 선택의 순간을 마주할 것이다. 이 때문에 우리는 매순간을 성실하게 임하는 데 더욱 집중해야 한다. 오늘을 충실히 살면서 미래를 생각하는 것만으로도 충분하다.

다행히도 (혹은 불행히도) 나뿐만 아니라 많은 친구들이 뚜렷한 진로를 생각하고 대학을 온 것은 아니었다. 당시의 성적과 미래에 대한 희망, 직업 선택의 가능성, 부모님과 선생님의 의견 등 수많은 고민 속에 선택한 결과물이 바로 대학 입학일 수도 있다.

우리가 선택을 하기에 앞서 더 많은 정보를 알고 더 준비를 해야 하는 것도 이 때문이다. 적극적으로 조언을 구하고 자료를 찾아보면서 내 선택에 확신을 가질 수 있도록 노력해야 한다. 그럼에도 막상 대학에 입학하면 고등학교 때 생각했던 것과 너무 달라 실망할 수도 있다. 그렇다고 쉽게 실망으로 결론을 내리지는 말자. 분명 우리 친구들이 그 과를 선택하도록 만든 무언가가 숨겨져 있을 것이다.

누군가는 선택한 한 길로 삶을 이어나가겠지만, 대학이라는 것만 보더라도 재수, 편입, 여러 학과나 학교를 거치고, 전공을 바꾸는 등 버라이어티한 삶을 사는 사람도 있다. 그 어떤 삶도 멈추거나 되돌아갔거나, 나태함이 있었다고 생각하지 않는다. 플랫폼을 출발하여 최고점까지 천천히 올라간 롤러코스터는 동력 없이도 쉼 없이 레일 위를 달려간다. 이와 마찬가지로 엄마의 뱃속에서 힘들게 나온 이후 모두의 인생은 끊어질 수 없는 시간들의 이어짐으로 채워져 왔다. 그리고 그렇게 이어질 것이다. 의미는 부여하는 자의 몫이다.

내가 쾌속 열차를 탔든, 느릿느릿 완행열차를 탔든, 그저 길 위에 있음을 잊지 않으면 그것으로 충분하다.

속도는 중요하지 않아!
지금 내 길 위에 있다는 것이 중요해!

하나의 팁을 이야기하면, 선택의 기로에서 도저히 어느 쪽을 골라야 할지 모를 때는 일단 '진짜 (하기) 싫은 것'을 골라보자. 즉, 내가 좋아하는 것이 무엇인지 구체적으로 설명하기 어렵다면, 반대로 싫은 것을 생각하면 된다. 내가 싫어하는 것이 무엇인지. 하다못해 짜장면과 짬뽕을 선택해야 하는 기로에서 (짬짜면은 반칙), '짜장면은 이래서 좋고, 짬뽕은 이래서 좋아, 둘 다 너무 먹고 싶어' 하면, 답이 없다. 반대로, 적어도 '짬뽕 국물이 튀는 건 정말 싫은데 게다가 오늘은 흰옷을 입었으니 짜장면으로!'라고 진짜 싫은 점을 생각하면 좀 더 선택에 구체성이 생긴다. 다만, 싫은 것을 생각하려면 내가 뭘 좋아하는지 잊지 않아야 한다. 구체적으로 뭐라고 설명할 순 없어도, 누구에게 말하기는 부끄러울지라도, 나는 알고 있다. 내가 좋아하는 것과 진짜 싫어하는 것을.

내가 나아갈 길, 즉 진로는 거창한 말 같지만, 사실 매일매일의 일상이다. 매일매일의 일상을 내가 좋아하는 것으로 채울 수 없다면 가시밭길이 따로 없지 않을까? 꽃길은 아니더라도 가시밭길을 굳이 걷고자 하는 사람은 없을 것이다.

꽃길인지 가시밭길인지는 내가 정해야 한다. 옆에서 아무리 꽃길이라고 해도 하기 싫은 것을 억지로 하면 꽃길이 아니다. 실제 꽃이어도 자신에게는 가시만큼이나 아플 것이다.

내가 밟는 가시밭길을 찬란한 꽃길로 만드는 것도 나만이 할 수 있다. 까짓것 밟고 가야만 하는 길이라면, 꽃으로 만들어야지 가시밭길은 너무 억울하지 않은가! 열심히 하는데도 생각만큼 뭐가 잘 안되지만, 내가 좋아하는 것들을 생각하며 미소 지을 수 있다면, 우리 친구들은 이미 꽃길을 걷고 있는 것이다.

5

⋮

비법은 없다

다산 정약용. 우리나라 국민들이 좋아하고 존경하는 역사적 인물인 정약용에게는 강진 유배 시절에 인연을 맺게 된 제자 황상이 있었다.

1802년 다산이 강진에서 서당을 열고 아이들을 가르칠 때, 열다섯 살이던 소년 황상이 다산을 찾아와 "저 같이 둔하고 막혔으며 답답한 사람도 공부를 할 수 있을까요?"라고 물었다고 한다. 이에 다산은 "오히려 외우는 데 민첩하면 그 재주를 믿고 공부를 소홀히 하게 되고, 예리하게 글을 잘 짓는 사람은 제 재주를 뽐내려 들떠 있고, 깨달음이 재빠른 사람은 쉽게 깨닫지만 오래가지 못한다. 너는 그렇지 않으니 공부의 재목이다."라고 하며 "부지런하고, 부지런하고, 또 부지런하면 너 같은 아이가 더 공부를 잘할 수 있다."라며 용기를 주었다고 한다. 황상은 정약용의 따뜻한 당부의 말을 평생 자신의 신조로 삼고, 스승이 서울로 돌아간 후에도 농사를 지으며 홀로 부지런히 시를 지어 역사에 남을 시인이 되었다.

2015년 노벨 생리의학상은 개똥쑥이라는 약초에서 말라리아 치료제 성분인 '아르테미신'을 처음으로 정제하여 인류의 안녕에 크게 공헌한 중국의 투유유 교수에게 돌아갔다. 개똥쑥은 우리나라에서도 흔히 볼 수 있는 약초로, 한약에 많이 쓰이고 있다. 투유유 교수는 한약의 고서에서 영감을 받았다고 하였다.

내가 연구하는 분야는 천연물에서 여러 가지 성분을 분석하는 천연물 화학이었다. 대학원을 다닐 때 내가 그리던 목표는 바로 2015년 노벨상을 수상한 투유유 교수와 같은 모습이었다. 바로, 인류가 풀지 못한 난제, 예를 들면 생명 연장, 암, HIV, 당뇨병, 슈퍼박테리아 등을 해결할 새로운 활성 물질을 우리 전통 약초에서 발견하는 것이었다. 인류 구원뿐 아니라 그것이 내게 부와 명예를 안겨줄 수 있길 간절히 바랐다. 그런데 공부하는 것은 고등학교 때나 대학교 때나 관계없이 지겹고 고단한 과정이었다. '흙 속의 진주'를 찾기 위한 지름길, 즉 비법을 찾기를 바라며 버티는 과정이었다.

나는 비법을 찾기 위해 약초들에서 새로운 성분을 찾아내고자 한 기존 연구논문들을 찾았다. 분류하고, 비교하고, 그들이 미처 생각하지 못한 약초들이 뭐가 있을지 후보를 정하곤 하였다. 특히 목표로 한 실험이 예상대로 진행되지 않고 6개월 정도 몇 번이나 되풀이하는 경험을 하면서 '로또'에 대한 욕망은 더욱 타올랐다. 실험을 하면서도 머릿속은 이 풀, 저 풀 생각하며 어느 녀석이 나에게 일확천금을 안겨줄지 선별하기 바빴다.

하지만 결과는 너무나 명확하였다.

그 후보가 무엇이든, 다른 연구자들이 경험한 그 험난한 연구 과정을 수행하지 않으면, 어떤 약초가 효과적인 후보인지 알아낼 방법이 없었다. 꿈속에서 예수님이든 부처님이든 대상을 점지해 주신다고 한들, 현대 과학의 방법론으로 동료 과학자들에게 증명하지 못한다면, 부와 명예는 절대 쉽게 오지 않는다는 것을 더욱 절실히 깨닫는 시간이었다.

그때쯤 박사학위를 시작하게 되었다. 힘든 박사학위 과정 동안은 오히려 그런 헛된 꿈을 더이상 꾸지 않아도 될 만큼 여한없이 욕망을 불태웠다. 아이러니하게도, 그런 흑심을 품고 욕망의 힘으로 읽었던 논문들 덕분에 논문을 빨리 읽을 수 있는 요령이 생겼고, 많은 기초 지식을 머릿속에 저장할 수 있었다. 비법은 없었지만, 무언가를 목표로 열정을 다한 결과는 뚜렷하게 남았다.

'비방(祕方)'이라는 말을 들어보았을 것이다. 한의약을 공부하다 보면 소위 '비방'이라는 말로 대중은 물론 한의약을 공부하는 사람들을 현혹시키는 경우를 접하게 된다. 그런 전문 분야가 아니라도 최근 떴다 하면 유행이 되는 '요리 비법'들을 봐도 마찬가지이다. 비법이라고 해도, 우리가 다 아는 재료들을 다 아는 방법으로 요리한다. 중요한 것은 언제 어떻게 어느 만큼의 재료들을 조합하고, 조리하는가이다. 이것이 숨겨진 노하우라면 노하우이다. 한약 비방도 마찬가지로 남들 다 쓰는 그 약을 언제 얼마나 어떻게 조제하느냐의 문제일 것이다.

요리 비법도 한약 비방도 알고 보면 다 이유가 있다. 그들이 무슨 마술을 부려서 아무리 해도 남들은 절대 할 수 없는 것을 하는 것이 아니다. 요리도 처방도 그 어떤 일도 원리를 깨우치고, 요령을 터득하고, 잘 관찰하면 묘하게도 비법이 없는 경우가 많다. 바로 그 원리를 깨우치기 위해 기초 지식을 습득하고, 요령을 터득하기 위해 무던히 연습하며 참고 견디는 어려운 일을 되풀이할 뿐이다.

무언가를 쉽게 얻느냐 어렵게 얻느냐, 결국 얻지 못하느냐는 본인에게 달려 있다. 그 어떤 과정도 '의미'를 스스로 찾지 못하면 괴롭고 지겹고 짜증나고 한심하기 이를 데 없다. 왜 해야 하는지를 깨우치지 못하면 결국 그것은 '나는 할 수 없는' 신비로운 묘술에 지나지 않는다.

비법이 또 빠질 수 없는 분야가 바로 공부이다. 수능 만점자의 비법, 상위 1%의 공부 비법 등등. 문제집 백 권을 푼다고 만점을 받고 상위 1%가 된다는 보장은 없다. 그 책들에는 그저 요령만 나와 있기 때문이다. 만점을 받고 상위 1%가 된 학생들이 문제를 푸는 요령 이외에 얼마만큼의 지식을 갖고 있는지, 또 얼마만큼 노력을 하였는지는 그 어떤 방법으로도 전할 수가 없다.

즉, 비법은 없다. 물론 요령을 터득하지 못한 사람들에게는 어느 정도 도움이 되겠지만 말이다.

성공한 많은 사람들의 비법은 끊임없이 노력하고, 실패를 거듭한 끝에 자신에게 기회가 왔을 때 놓치지 않았다는 것이다. 그들에게 성공은 길고 긴 시간을 거쳐 단단하게 그들 안에서 정제되고 정제되어 나타난 결과이다. 비법이 있다고 믿는 순간, 나의 노력과 나의 시간들은 순식간에 무의미해진다.

6

⋮

과학을 좋아하는 누구나
과학자가 될 수 있다

    실험하는 중에 갑자기 정전이 되었다고 생각해 보자. 전기를 사용한 실험 기기들은 곧바로 멈출 것이고, 컴퓨터도 먹통이라 지금까지 하던 실험 결과 정리도 할 수 없게 된다. 깜깜한 실험실에서 할 수 있는 것은 뭐라도 망가뜨리지 않거나 다치지 않고 얼른 실험실을 빠져나가는 정도이다. 실험실뿐만 아니라 집에서도 어디에서도 현대의 문명 생활에서 전기 없이 살아가는 것은 상상할 수 없다. 오늘날 전기는 공기와도 같은 존재이다.

    전기는 발명이 아니라 발견된 자연 현상이지만, 이 전기를 우리 생활에서 쓸모 있게 한 것은 과학자들이 발명한 다양한 전기기구가 있었기 때문이다.

마이클 패러데이는 전기 발전에서 **빼놓을** 수 없는 중요한 과학자이다. 19세기 당시 영국의 재무장관이 마이클 패러데이에게 '전기는 실질적으로 어떤 가치가 있는가?'라는 물음에 그는 '모른다. 하지만 당신이 여기에 세금을 매기게 될 것은 확신한다.'라고 답하였다는 일화는 유명하다. 대부분의 과학자들에게 연구를 위한 경비를 지원해 주는 대상에게 "내 연구의 쓸모"를 주장한 것이다.

패러데이의 생각대로 우리 모두는 전기에 세금을 내는 시대를 살고 있다.

내가 패러데이를 '좋은 과학자'라고 생각하는 이유는 그가 물리학과 화학에서 이룬 엄청난 업적이나 겸손하고 성실한 삶을 살았던 그의 생활 때문만은 아니다. 과학을 남녀노소 모두가 누릴 수 있는 대상으로 생각하고 실천한 부분 때문이다. 지금도 이어지고 있는 '영국왕립연구소의 크리스마스 강연'은 1825년에 패러데이가 아이들을 위한 크리스마스 강연회를 연 것이 그 시초였다. 생전에 19회 무대에 섰고, 그중 '촛불 하나의 화학사'에 대한 강연은 책으로 엮여져 전해지고 있다. 2019년도 노벨 화학상을 수상한 일본의 요시노 아키라 교수가 이 책을 자신이 과학에 관심을 갖게 된 계기였다고 소개하면서 국내에서 재조명되기도 하였다.

우리 친구들은 과학자라고 하면 어떤 모습이 떠오를까? 아마도 두꺼운 안경을 쓰고 폭탄머리에 실험복을 입고 요상한 물질을 만들어 내는 가끔은 '정신나간' 천재의 모습이 떠오르겠지만, 현실 속의 과학자 대부분은 매우 평범한 모습을 하고 있다.

나조차도 그런 선입견을 갖고 있었다. 내가 스스로를 과학자라고 생각한 것은 불과 몇 년밖에 되지 않는다. 밤낮없이 연구만 생각하는 것도 아니고, 지극히 일상생활에서의 실용성에 목적을 둔 물질 분석이 나의 연구 분야이기 때문에 과학자라기보다는 연구를 하는 직업인이라고만 생각하였다. 과학자라면 생명과 우주의 진리탐구 정도는 해야 한다고 생각하는 부분도 있었다.

한국표준과학연구원에 연구원으로 입사한 지 두어 달쯤 지난 어느 날, 출근하는 길에 엘리베이터에서 초등학교 3학년 꼬마를 만났다. 연구원으로 일하러 간다는 나의 말에,

"우와! 그럼 과학자예요?"

"!"

연구원에는 여러 종류의 직업군이 있지만, 적어도 그 아이가 생각하는 과학자는 분명 나의 업무와 닿아 있었을 것이다. 그럼에도 난 "웅!"이라는 단순하고도 분명한 대답을 하지 못하고 그저 미소만 지었다.

후다닥 엘리베이터를 나서서 출근하는 차 안에서 굉장히 묘한 기분이 들었다. '과학자'라는 게 뭘까?

세상을 바꿀 만한 큰 프로젝트를 수행하는 사람? 거대한 국가 연구비를 받는 사람? 노벨상을 받는 사람? 연구원? 대학교수? 박

사? 용어의 정의에 따라 과학자의 범주는 무한하기도 하고 협소해질 수도 있다.

내가 스스로를 과학자라고 생각하게 된 시점은 우연한 기회로 초등학생들에게 내 연구를 소개한 때부터였다. 연구 관련 발표는 수도 없이 하였는데, 늘 비슷한 분야의 대학생 이상이 대상이었고, 초등학생 청중은 처음이었다. 나의 초등학교 시절을 생각하면서 어떤 발표보다도 오랜 시간 고민하면서 30분 발표를 준비하였다. 그리고 그 어떤 발표보다도 긴장하며 30분의 강연을 무사히 마쳤다. 강연의 주제는 한국표준과학연구원이 국가적 임무로서 담당하고 있는 측정표준 그리고 단위에 대한 이야기였다. 격정과는 달리, 아이들은 매우 즐거워하였다. 내가 연구원에 입사하면서 늘 '당연히' 사용하던 단위들의 과학적인 부분과 과학자들의 노력에 대해 새롭게 알게 되면서 느꼈던 호기심과 감탄을 아이들과 공유하게 된 듯한 기분이 꽤나 짜릿하였다.

한 아이가 강연을 마치고 내가 선물로 준 '자'에 사인을 해달라고 요청하면서 "박사님 이야기 너무 재미있었어요! 저도 박사님 같은 과학자가 될 거예요"라고 말하였다. 그 순간 코끝이 찡할 만큼 먹먹해지던 기분은 지금 생각해도 감격스럽다.

내가 의도하였든 의도하지 않았든, 내가 동료들과 의논하고 수행하고 고민하는 것들이 과학이라는 범주에서 벗어나지 않도록 노력하고, 기존의 연구에서 조금이라도 개선되는 것에 기여하고 있다면, 스스로를 과학자라고 생각하는 것에 부끄러워할 필요는 없다고 확신한다. 꼭 천재 같은 아이디어를 가진 사람을, 노벨상을 받을 만한 재목으로 오르내리는 사람을, 거대한 연구프로젝트를 수행하는 사람을, 연구실에서 밤낮없이 연구만 하는 사람을 과학자라고 규정할 필요는 없다. 소소하지만, 누군가와 과학적인 사고와 실험과 의미를 공유할 수 있다면 남녀노소를 막론하고 과학자라고 칭하는 데 아무 문제가 없을 것이다.

앞서 말한 패러데이의 강연에서, 패러데이는 과학자를 지칭하며 이렇게 이야기하였다.

"여러분과 제가 모두 이렇게 불릴 수 있기를 바랍니다."

그저 호기심이 가득한 눈으로 과학자의 강연을 신기한 마술쇼라도 보듯이 경청하는 이들에게 건네는 가벼운 농담이라기엔 패러데이의 진심이 느껴진다. 그러면서 이렇게 덧붙였다.

"저는 여러분이 자기가 속한 세대에서 촛불에 비견될 수 있는 사람이 되길 기원합니다. 여러분이 주변 사람들을 촛불처럼 비추길 바랍니다. 또한 여러분이 인류를 위한 의미를 이행해야 할 때, 명예롭고 적절하게 행동함으로써 촛불처럼 아름다운 사람이 되길 소망합니다."

– 마이클 패러데이 「촛불 하나의 과학」 중에서

패러데이의 과학을 대하는 자세와 과학을 사랑하는 마음을 느낄 수 있는 이야기이다. 패러데이의 단호하면서도 정중한 이 따뜻한 당부야말로 '진로'를 고민하는 우리 친구들과 내가 추구하는 소망과 다름없을 것이라고 생각한다.

이 책에도 다양한 종류의 직업을 가진 사람들이 나오지만, 그들의 직업이 모두 과학자는 아니다. 다만, 우리가 추구하는 것들, 업무적인 부분을 수행하는 과정과 방법 등이 과학에 기반하고 있어 과학자라는 이름으로 불리기도 하는 것이다. 나를 포함하여 그들은 '과학자'보다는 '과학을 하는' ○○○라고 소개하는 것이 더 알맞다.

과학자는 누구나 될 수 있다. 호기심을 갖고 세상을 바라보는 사람, "당연히 그렇지"가 아니라, "왜? 왜 그렇지?"라고 물어보는 사람이 과학자이다. 과학자는 사업가가 될 수도 있고, 연예인이 될 수도 있다. 과학자는 뭐든 될 수 있다. 내가 그리는 나의 길이 '과학자'라면, 무슨 과를 가야 할지, 어떤 직장을 가야 할지 헤매지 말고, 그저 내가 좋아하는 것을 용기 있게 이어갈 수 있는 그 길을 선택하면 된다.

부록

미래 유망 직업 18선

과학 퍼포머

　　과학 퍼포머는 과학을 퍼포먼스로 형상화시켜 보여 주는 사람들을 지칭한다. 한국직업사전에 정식 직업 형태로 등록되어 있지는 않지만, 과학 퍼포머는 훌륭한 과학자의 한 예라고 할 수 있다. 참고로 과학자 역시 정식 직업으로 등록되어 있지 않다.

　　현재 과학 퍼포머는 한국과학창의재단이 국가사업으로 발굴하고 있기도 하다. 과학적 발견, 현상, 성과 등을 예술적 방식으로 표현하는 작업들을 지원하고 콘텐츠를 발굴함으로써 사람들이 TV나 스마트폰을 통해 예능이나 공연을 즐기듯이 과학을 더욱 가깝게 느낄 수 있도록 하기 위해서이다. 즉, 과학 퍼포머는 '과학의 대중화'를 뛰어넘어 새로운 문화를 창출할 주체가 되고 있다.

　　과학 퍼포먼스는 길거리에서 예술가들이 버스킹을 하듯, 과학에 대한 이야기나 간단한 실험들을 극화하고, 노래 등을 접목하여 버스킹을 하는 것을 예로 들 수 있다. 빛에 대한 과학적인 사실들을 이야기화하여 빛의 성질과 활용을 아우르는 하나의 연극으로 만들거나, 인체에서 발견되는 호르몬들을 주제로 로맨스 코미디 장르의 연극을 만들 수도 있다.

과학 퍼포먼스의 중요한 요소는 당연히 과학적 사실에 근거해야 한다는 것이다. 자칫 재미를 위해 논리의 비약이나 검증되지 않은 가설을 활용하는 오류를 범하면 안 된다는 것 등이 작품의 구성 전반에 가장 중요한 요소라고 할 수 있다. 다만 거꾸로 과학적인 요소를 '주입'시키고자 하는 의도로만 구성하면 재미가 없어지기 때문에 과학 퍼포머들은 다양한 분야의 사람들과 협력하는 것이 매우 중요하다.

과학적인 정보는 대개 지루하게 서술된 어려운 글을 통해 얻는다고 생각하지만, 과학 퍼포머는 이것을 오감을 통해 느끼고 체득하도록 도와준다. 지금도 어렵지 않게 과학과 관련된 재미있는 영상들을 찾아볼 수 있다.

이 직업 역시 학력이나 전공 분야가 정해져 있지 않다. 요즘의 학교 교육은 과학을 주제로 노래를 만들거나, 공연을 만드는 등 학생들이 자발적으로 혹은 관련한 경연대회도 있을 정도로 다양하다. 이처럼 다양한 형태로 과학을 이야기하려는 시도들은 앞으로 더 빨리 그리고 더 많이 우리 생활에 퍼질 것이다. 머지않은 미래에 '과학 퍼포머가 뭐야?'라고 묻는 사람은 지금 '크리에이터가 뭐야?'라고 묻는 것과 같은 느낌이 될 것이다.

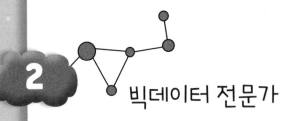

빅데이터 전문가

빅데이터는 4차 산업혁명을 맞이하는 현대 생활에서 가장 중요한 키워드 중 하나이다. 말 그대로 많은 양의 데이터를 이용하여 새로운 정보를 찾아내고, 해당 정보를 기반으로 제품이나 트렌드를 만들어서 다시 생활에 적용할 수 있도록 하는 것이 빅데이터와 4차 산업혁명의 핵심이다.

빅데이터의 처리 과정에서 자연스럽게 이야기되는 것이 인공지능, 머신러닝 등인데, 이것은 방대한 데이터를 기존의 방식대로 처리하는 것이 불가능해짐에 따라 나온 새로운 데이터 처리 방법이다.

데이터 처리 과정에서 중요한 것은 데이터의 품질과 검증이다. 데이터를 처리하는 소프트웨어가 아무리 훌륭하더라도 입력하는 데이터의 품질이 나쁘면, 출력되는 결과도 나쁠 수밖에 없다. 다음으로 데이터가 기본적으로 믿을 수 있는 수준의 데이터인지에 대한 검증이 필요하다. 수치로 나타난다고 모두 신뢰할 수 있는 수준의 결과라고 생각하면 오류에 빠지기 쉽다. 어떤 기준과 근거로 그 숫자가 도출된 것인지 명확하게 추적할 수 있는

데이터들을 평가할 기준과 전문가가 필요하다.

앞으로 국가적으로 혹은 세계적으로 빅데이터의 기준이 표준화된다면, 데이터의 품질이 더 높아지고, 표준화를 통한 데이터의 비교 가능성이 커지면서 버려지거나 낭비되는 데이터가 줄어들 것이다. 그리고 이는 곧 빅데이터화와 4차 산업혁명을 가속하는 큰 자원이 될 것이다.

빅데이터를 통한 정보들은 개인의 생활을 영위하는 많은 결정에 영향을 줄 뿐만 아니라, 기업이 사업을 확장하거나 새로운 투자를 위한 결정을 신뢰할 수 있는 기반이 될 것이다.

빅데이터 전문가 역시 정해진 전공 분야가 따로 있는 것은 아니다. 컴퓨터에 정통한 사람도 필요하고, 각종 데이터를 수집하기 위한 측정기기나 원리를 이해하는 전문가도 필요하다. 미래를 내다보는 모든 직업이 그러하듯 다양한 분야 간의 융합은 피해갈 수 없다. 4차 산업혁명을 이야기하면서 많은 학생들이 미래에 사라질 직업과 새로 생겨날 직업이 무엇일지 궁금해하지만 전산처리시스템(컴퓨터)이 이 시대의 필수 요소가 된 이상, 내가 어떤 분야로 진로를 정하든 데이터 처리와 관련한 전문가, 그리고 데이터를 생산하는 전문가는 반드시 필요한 직업이 될 것이다.

윤리 기술 변호사

2020년, 삼성에서 '볼리(Ballie)'라는 반려 로봇을 공개하였다. 노란색 공 모양에 사과 정도의 크기이다. 이름을 부르면 강아지처럼 주인을 졸졸 따라다닌다. 아침이 되면 스스로 일어나 주인을 깨우는데, 정말 일어났는지 확인까지 한다. 출근 준비를 하는 동안 TV나 주인이 사용해야 하는 전자기기를 작동시켜 주고, 집이 더러워지면 로봇 청소기를 작동시켜 청소도 한다.

지금 볼리는 간단한 몇 가지 기능만 가지고 있지만, 가까운 미래에는 더 다양한 기능을 갖춘 사람과 비슷하게 생긴 반려 로봇이 등장할 것으로 예상된다. 집안일도 도와주고, 또 내 이야기를 들어주는 친구가 생기는 것이다.

그런데 만약 내 반려 로봇이 지나가던 강아지를 보고 나에게 위험하다고 판단해서 그 강아지를 때린다면, 마트에서 장을 보다가 나를 위하는 마음으로 과자를 훔쳐온다면, 과연 로봇에게 잘못을 따질 수 있을까? 로봇의 주인인 내 잘못일까? 아니면 그 로봇을 판매한 회사의 잘못일까? 지금은 생각지도 못하는 윤리적 문제들이 생겨날 것이다.

기술윤리 변호사는 이런 시대에 새롭게 떠오를 직업이다. 지금도 의료전문변호사, 산업전문변호사 등 변호사라는 직업 안에서도 전문 분야가 나뉘어 있는데, 미래에는 사람과 사람 사이의 갈등이 아닌 사람과 로봇·인공지능 사이의 갈등을 전문으로 중재하는 변호사가 등장할 것이다.

　또한 로봇이나 로봇 제작업체가 지켜야 할 도덕·윤리 규범에 대해 조언하여 사람과 로봇·인공지능 간에 갈등이 생기지 않도록 예방하고, 위험한 로봇을 개발하지 못하게 하는 역할도 수행할 수 있다. 그뿐만 아니라 로봇에게 윤리 규범을 직접 가르치거나, 사람들과 잘 지내도록 교육하는 역할도 하게 될 수 있다고 전망하는 사람들도 있다.

　기술윤리 변호사가 되기 위해서는 법률·윤리적 지식뿐만 아니라 로봇과 인공지능에 대한 기술적인 지식도 갖추어야 한다. 또한 다양한 사람들과의 의사소통을 위한 소통 능력이 필수적이며, 갈등 상황을 정확히 파악하는 분석력도 중요하다.

　법과 관련된 학과나 컴퓨터·인공지능·로봇 관련 학과를 졸업한 후에 로스쿨에 진학하여 변호사 자격을 취득하여 법률사무소나 로봇·인공지능을 개발하는 IT 기업에서 일할 수 있다. 하지만 지금의 변호사의 모습이 아닌 다른 직업으로 파생될 가능성도 있으므로, 기술윤리 변호사에 관심이 있다면 꾸준히 관련 정보를 찾아보는 것이 중요하다.

스마트 헬스케어 전문가

스마트 헬스케어 또는 디지털 헬스케어란 IT 기술과 결합된 종합 의료서비스를 말한다. 디지털 기기와 IT 기술을 이용하여 언제 어디서나 건강관리를 받을 수 있고 병을 진단 및 치료하는 서비스를 누릴 수 있는 것이 큰 장점이다.

앞으로의 스마트 헬스케어는 스마트폰이나 웨어러블 기기를 통해 심장 박동수나 걸음 수와 같은 기본적인 데이터에서부터 혈당수치, 수분 섭취량, 수면 패턴 등의 정밀한 데이터까지 다양한 신체 데이터를 측정하고 생활 패턴을 분석하여 병원에 가지 않고도 전문가나 AI를 통한 효과적인 건강관리를 받을 수 있도록 도와줄 것이다.

또한 사용자로부터 비정상적인 수치가 기록되었을 때 의료진에게 그 수치를 전달하여 수치가 안정화되도록 건강 계획표를 안내하거나 즉시 긴급 조치를 취할 수도 있을 것이다.

지금은 병원에 직접 가서 진단을 받는 사람들이 더 많지만 미래에는 직접 병원에 가는 사람보다 화상 기기나 웨어러블 기기를 통해 집이나 학교, 사무실에서 원격으로 진단을 받는 사람이 더 많아질 것이다. 따라서 더욱 다양한 스마트 헬스케어 기기와 빠르고 안정적인 통신기술이 필요할 것이다.

스마트 헬스케어 전문가는 이런 스마트 헬스케어 기기나 서비스를 설계하거나 운영하는 일을 한다. 스마트 헬스케어 제품 개발 기업, 의료기관, 식약처와 같은 의료 관련 정부기관 등에서 활동할 수 있으며, 스포츠 관련 분야에서도 선수들의 운동 능력 향상을 위해 일할 수 있을 것이다.

관련 전공으로는 정보통신공학, 컴퓨터공학, 생명공학, 의학, 약학, 통계학, 수학 등이 있다. 의료 관련 지식과 IT 및 컴퓨터 관련 지식을 고루 습득하는 것이 필요하며, 의사소통 능력도 중요한 요소이다.

5
증강현실(AR)·가상현실(VR) 디자이너

2016년 전 세계를 강타했던 스마트폰 게임 '포켓몬 고'는 증강 현실이 무엇인지 우리에게 확실히 알려주었다. 아무것도 없는 현실이지만 스마트폰의 카메라를 통해 들여다보면 귀여운 포켓몬이 나타났다. 증강현실(AR, Augmented Reality)은 현실의 배경에 가상의 이미지가 겹쳐져 보강된 현실 세계이다.

반면 가상현실(VR, Virtual Reality)은 사용자가 마치 실제 세계에서 보고 듣고 느낄 수 있게 만든 가상의 세계이다. 보통 고글처럼 생긴 VR 기기를 머리에 착용한다.

지금은 AR/VR이 게임으로 많이 활용되지만 AR/VR 기술이 발달하면서 활용 범위가 점점 넓어지고 있다.

스마트폰의 카메라로 얼굴을 인식하여 얼굴에 다양한 효과를 주는 애플리케이션도 증강현실을 이용한 예이다. 앞으로는 옷을 살 때 직접 입어보지 않고 증강현실을 통해 그 옷을 입은 나의 모습을 확인할 수도 있고, 어떤 건물을 짓거나 물건을 제작할 때, 설계 후에 실제 모습을 증강현실로 확인하여 설계에 문제가 없는지 확인할 수 있을 것이다.

가상현실의 경우 현장에 직접 가지 않더라도 VR 기기를 통해 스포츠 경기장에서 경기를 관람할 수도 있고, 여행이나 미술관/박물관 등을 가상현실에서 방문할 수도 있다.

또 역사 시간에 역사책으로 공부하는 대신, 실제 역사적 사건으로 들어가 위인들과 대화를 나누는 등의 교육적인 목적으로도 활용할 수 있다. 어쩌면 앞으로는 지하철을 타고 사무실로 출근하지 않아도 가상현실 속 사무실에 출근할지도 모른다.

이렇게 AR/VR을 활용할 수 있는 분야가 무궁무진한 만큼, 관련된 진로의 전망도 밝다. 게임회사, 쇼핑 업체, 엔터테인먼트 기업(공연/여행 관련), 영상 제작업체, 방송사, 교육콘텐츠 관련 기업 등 다양한 분야에서 AR/VR 디자이너가 필요해질 것이다.

AR/VR 디자이너가 되기 위해서는 기본적으로 AR/VR 제작 프로그램을 다룰 수 있는 프로그래밍 능력, 영상디자인/게임 디자인 등 기본적인 디자인 능력, 공간시각 능력 등을 갖추어야 한다. 그뿐만 아니라 콘텐츠 기획 능력, 콘텐츠를 이야기로 풀어내는 스토리텔링 능력, 마지막으로 AR/VR 사용자들의 심리를 예측하고 공감할 수 있는 능력까지 갖추면 더욱 좋다.

6 생명정보 분석가

    생명정보(바이오 인포매틱스) 분석가는 유전자를 해독하여 다양한 분야에 활용한다. 지구 상의 모든 생물은 생물학적 정보를 담고 있는 유전자를 지니고 있다. 유전자를 읽어내면 많은 일을 할 수 있는데, 혹시 'A 연구진이 코로나바이러스의 유전자를 파악하는 데 성공했다.'라는 기사를 본 적이 있는가? 많은 의료진들이 병원에서 바이러스와 싸우는 동안, 생명정보 분석가는 연구실에서 바이러스와 싸운다. 환자의 침이나 가래, 콧물 등에 있는 코로나바이러스를 분석하여 치료제·백신·진단키트 등을 개발하고, 최초 전파자가 누구이며 어디로 퍼져나갔는지도 파악할 수 있다.

    생명공학 기술의 발달 덕분에 유전자 분석 비용이 점점 저렴해지고 분석에 걸리는 시간도 점점 짧아지고 있다. 2011년 애플의 창업자 스티브 잡스는 췌장암을 앓고 있었고, 치료를 위해 자신의 유전자 전체를 분석하였다. 이때 약 1억2천만 원을 냈다고 한다. 2020년인 지금은 몇백만 원으로 비용이 크게 줄었다. 아마 몇 년 뒤에는 몇십만 원으로 유전자 전체를 분석할 수 있을 것으로 예상한다.

생명정보 분석가가 활약할 수 있는 분야로는 의료, 제약 분야가 있다. 제약회사, 대학병원, 국가기관의 연구소에서 신약개발에 참여하거나 질병의 원인을 파악하여 치료제의 효과를 개선하는 연구를 진행할 수 있다. 또한 의료 진단기기 회사에서 진단기기, 진단키트를 개발할 수도 있다. 그뿐만 아니라 농업 관련 연구기관에서 식물 유전자를 연구하여 새로운 품종 개발에도 기여할 수 있다. 유전자 정보를 분석하는 프로그램을 개발하는 IT 기업에서도 활동할 수 있다.

생명정보 분석가와 관련 있는 전공으로는 생물학과, 화학과, 생명정보공학과, 바이오시스템학과, 의학과, 약학과, 통계학과 등이 있으며, 대부분 대학교를 졸업한 뒤 대학원에서 석사 또는 박사학위를 취득하는 경우가 많다.

생명정보 분석가는 사람의 생명과 관련된 일을 하므로 올바른 윤리의식과 정직한 자세가 필수적이다. 또한 의료진, IT 기술자, 연구자 등 다양한 분야의 사람들과 정보를 주고받으면서 협업해야 하므로 의사소통 능력도 중요하다. 마지막으로 대학생, 대학원생 때 영어로 된 서적이나 논문을 읽고 쓰게 되며, 세계의 연구진들과 교류하므로, 영어 실력을 쌓아두면 도움이 될 것이다.

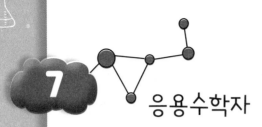

응용수학자

4차 산업혁명 시대에 응용수학은 다양한 분야에 활용될 수 있다는 장점이 극대화되어 주목받고 있다. 응용수학은 이론 증명, 추상적인 개념과 연구를 주로 다루는 순수수학과 달리 이름 그대로 다른 학문의 문제를 해결하는 수학의 한 분야이다.

'지하철 역사 안에 있는 기계 모터가 고장 나는 것을 판정하려면 어떤 알고리즘을 개발해야 할까?'

'태양광 발전은 빛의 양에 따라 발전효율이 변하게 되는데, 태양광 발전 효율을 높이기 위해서는 어떻게 모델링해야 할까?'

'감염병의 발생, 감염경로, 치료를 효과적으로 할 수 있는 모델을 개발하려면 어떻게 해야 할까?'

이런 다양한 분야의 문제를 수학 문제로 바꿔서 수학적 지식과 방법을 통해 해결한다. 예전에 잘 풀리지 않던 문제를 해결하거나 새로운 시장을 만들며 부가가치를 창출하는 것은 응용수학의 큰 매력이라고 할 수 있다.

응용수학은 보건, 의료, 정보보안, 암호학, 주식, 보험, 금융상품 개발, 기계학습, IT 관련 컴퓨터 프로그래밍, 소프트웨어 개발까지 확장분야도 광범위하다. 대학마다 수학과에 금융, 암호, 수치해석 등의 연구소를 설립하고 있으며, 연구원, 교수 채용에도 응용수학 전공자를 선호한다. 또한 은행, 증권, 보험 관련의 여러 기업에서도 응용수학자들을 고용하고 있다.

그럼 응용수학자가 되기 위해서는 무엇을 준비해야 할까?

수학과 컴퓨터를 다루는 능력이 가장 중요하다. 초·중·고등학교 수학, 대학교에서 배우는 미적분학, 선형대수학 지식을 필수로 익혀야 한다. 사람이 하기에는 복잡하고 양이 많은 계산을 컴퓨터가 대신할 수 있도록 하는 코딩 실력도 필요하다.

또한 의사소통 능력도 요구된다. 응용수학자는 보통 다른 분야 사람들과 함께 일을 하게 된다. 수학을 잘 모르는 사람들도 수학 용어, 어려운 기호, 숫자들로 이루어진 문제를 쉽게 이해할 수 있도록 자신의 생각을 잘 설명할 수 있는 능력이 중요하다.

이를 위해서는 다양한 분야의 책을 읽고 많이 생각해 보며 주변 친구들과 대화하는 연습을 해야 한다. 작고 사소해 보이는 질문이라도 스스로 생각해 보고 자기의 의견을 주변 친구들에게 말하는 연습을 해 보는 것을 추천한다.

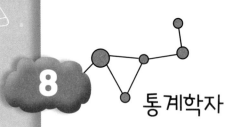

8 통계학자

빅데이터가 가득할 미래 사회에서 통계는 경제, 행정, 사회 등 여러 분야에서 의사결정을 하는 데 없어서는 안 될 필수 요소 중 하나이다.

통계학이란 단어는 독일의 통계학자 '고프리드 아헨발 (Gottfried Achenwall)'이 처음으로 사용하였다. 라틴어 'Status'에서 온 통계학(Statistik)은 국가에 관한 자료들의 분석을 지칭한다. 어원에서 짐작해 볼 수 있듯이, 통계는 나라의 인구, 토지, 생산량은 물론이고 경제, 금융, 의료까지 사실 통계가 관련이 없는 분야를 찾기가 힘들 정도이다.

많은 분야에서 통계가 활용되고 있는 만큼 통계학자에게는 다양한 사회진출 기회가 있다. 통계청과 같은 정부기관, 각종 여론조사기관, 언론, 기업 연구부서, 금융, 서비스 분야 등에 진출할 수 있다.

통계학자가 되기 위해서는 과학적이고 논리적인 사고, 수학에 대한 흥미와 적성이 있어야 한다. 데이터를 원하는 대로 가공하고 분석하려면 SPSS, SAS, R 등 통계 프로그램도 잘 다루어야 한다. 프로그램 코드를 이해하고 작성하여 수치에 대한 논리적인 해석을 하려면 과학적이고 논리적인 사고와 여기에 사용되는 수학적인 지식이 꼭 필요하기 때문이다. 또한 통계는 다양한 사회 분야와의 연관성이 있어 인문학적 소양도 갖추는 것이 좋다. 자료 분석 결과를 적용하는 것은 인문학적 소양이기 때문이다.

더 나아가 창의적인 사고를 갖추고 있다면 훌륭한 통계학자가 될 가능성이 더 높다. 훌륭한 통계학자는 숫자에 자료를 끼워 맞추거나 단순한 자료정리, 도표 그리기가 아니라 수치적인 자료를 보고 관련성을 논리적으로 판단하고 전혀 관련성이 없어 보이는 자료들 사이에서 관계를 찾아내기도 한다. 숫자, 자료 해석에만 얽매이지 않고, 그 이상을 보는 통찰력이 있어야 한다.

간혹 학생들은 통계를 고등학교까지 수학 과목을 배우며 경우의 수, 평균, 표준편차, 정규분포 정도라고 생각하는 경향이 있다. 하지만 통계는 이보다 훨씬 큰 분야이며 상당히 실용적인 학문이다.

통계에 대해 자세히 알고 싶다면 수학 과목에서 소개되는 통계 외에도 여론조사, 인구조사 등 사회 이슈를 다루는 기사와 글, 통계 관련 보고서 등에 관심을 가질 필요가 있다. 또한 위에서 말한 것처럼 나중에 필요한 인문학적 소양을 기르기 위해서 독서를 꾸준히 하는 것이 좋다.

9 융합과학자

우리가 평소에 사용하는 스마트폰은 하드웨어, 소프트웨어, 통신기술, 콘텐츠 등 여러 기술이 융합되어 만들어진 결과물이다. 앞으로 각 분야의 전문가들과 협력하여 도전적인 연구를 수행하는 융합과학자의 역할은 더욱 중요해질 것이다.

작은 물방울 여러 개가 합쳐지면 큰 물방울 하나가 만들어지는 것처럼 융합과학자는 여러 분야의 전문가와 함께 팀을 이루어 복잡한 이슈나 문제들을 해결해 나간다.

'꿈의 연구소', '상상력 공장'으로 불리는 MIT미디어랩이 대표적인 사례이다. 공학, 예술, 인문학 등 학문을 접목시킨 연구기관으로 '상상력을 발전시킨다'라는 목표로 창의적인 연구를 해왔다. 터치스크린, GPS, 가상현실, 3차원 홀로그램, 전자책, 인공지능 등 우리 삶에 큰 영향을 주는 획기적인 기술들을 연구하였고 창의적인 연구 결과를 내놓았다.

MIT미디어랩은 교수진 40여 명과 석박사 과정 학생 120여 명으로 구성된 작은 연구소이지만 다양한 전공의 사람들이 함께 연구한 덕분에 이러한 결과를 낼 수 있었다. 융합의 힘인 것이다.

이렇듯 융합과학자는 하나의 목표를 이루기 위해 여러 전문가와 함께 학문적인 교류를 하기도 한다. 예를 들어, 획기적인 암 치료방법을 특정 학문에서만 하지 않는다. 과학에서는 암 치료와 관련된 각종 기술을 개발하는 연구를 진행한다면 경제학에서는 암 치료 기술들에 대한 가치, 비용에 대해 연구한다. 서로 다른 분야의 전문가를 만나 지식과 정보를 확대하고 더 나은 문제 해결을 위한 활동을 하는 것이다.

　우리나라도 정부에서 과학 난제에 과감히 도전하는 융합연구를 지원하고 있다. 암 재발 방지, 면역기능 조절, 우주의 생성 원리 규명과 같이 연구자들의 집단지성, 기초과학, 공학 등 융합연구를 바탕으로 도전해야 하므로, 과학기술정보통신부에서는 이를 지원하며 장려하고 있다.

　미래에 융합적인 연구는 도전 자체로 의미가 있고 새로운 개념과 방법, 이론을 이끌어내는 모험 연구의 중심이 될 것이다. 과학을 기반으로 새로운 도전을 해보고 싶다면 융합과학자의 길을 찾아보는 것을 추천한다.

10 과학탐험가

　인간이 생존하기 어려운 환경인 극지방 혹은 적도지방, 현실적으로 도달하기 힘든 우주, 혹은 아주 작은 미시세계에 대한 연구 등 과학자들은 본연의 호기심으로 미지의 세계를 탐구하는 사람들이다. 과학탐험가는 워라밸(Work and Life Balance의 준말)이 강조되는 현대인의 삶에서 과학자적 호기심이 동반된 특별한 여행을 안내하는 중요한 역할을 한다.

　인간이 가진 본연의 호기심에 의한 미지 세계에 대한 탐구는 자연과학 발달의 핵심이 될 수 있다. 태초의 지구 환경은 어떠하였을까? 생명은 어떻게 생겨났을까? 물질의 근본은 무엇일까? 등의 궁금증은 과학자들을 탐험의 세계로 안내해왔다.

　연평균 기온이 영하 34도, 눈보라가 몰아칠 때는 10미터 앞도 보이지 않는 남극은 인간이 개발하지 않은 지구 상의 마지막 대륙이었다. 극지 탐험가 아문센은 1911년 인류 최초로 남극점에 도달하였다. 남극은 각종 에너지 및 금속자원이 다량 매장된 곳이며 풍부한 수산자원이 있다. 그뿐만 아니라 극지방은 지구환경변화 연구의 중요한 열쇠가 되기 때문에 지금도 세계 각국에서는 남극에 연구기지를 건설하고 극지의 환경, 생태 등을 연구한다.

우주개발에도 역사적인 탐험가들이 있다. 1961년 인류 최초로 지구 궤도를 돌고 돌아온 유리 가가린, 1969년 아폴로 11호를 타고 인류 최초로 달에 착륙하였던 닐 암스트롱이 대표 인물이다. 아폴로 11호의 달착륙은 인류의 공간을 우주로 넓힐 수 있는 무한한 가능성을 개척하였다.

지금도 수많은 과학자가 다양한 분야에서 우주탐험을 위해 계속 연구를 하고 있다. 우주현상의 원리를 연구하는 천문학자부터, 로켓을 만드는 과학자, 외계생명체를 연구하는 과학자까지 모두가 모험과 도전을 즐기는 진정한 과학탐험가이다.

우리나라 1호 과학탐험가 문경수 선생님은 세계문화유산으로 지정된 제주도가 가진 신비로움에 대해 과학자의 관점에서 대중들에게 이야기를 들려주는 과학탐험가이다. 전직 기자이면서, 평론가였던 그는 여행사 근무 경험도 갖고 있다. 그가 추천하는 코스로 제주도를 여행하면 색다른 과학탐험 여행을 해볼 수 있다. 단순히 맛집이나 명소 등을 넘어 이색경험을 원하는 누군가에게 특별한 여행을 안내할 수 있는 제2의, 제3의 과학탐험가가 나오길 기대한다.

과학관 학예사

학예사란 박물관, 미술관, 과학관 등에서 전시, 교육 등을 담당하는 사람들을 뜻한다. 과학관은 대중들이 과학을 접하고 체험할 수 있는 공간이며, 한 사회의 과학문화지표가 될 수 있다. 선진국 수준 이상으로 과학기술이 발달한 우리나라에서 과학관 학예사라는 전문직업은 과학과 문화가 만나는 공간을 조성하고 운영해 나가며, 과학문화 확산에 이바지하는 핵심 역할을 수행할 수 있다.

학예사는 학예연구사를 줄인 말로, 영어로는 큐레이터(Curator)라고 한다. 기본적으로 박물관, 미술관 등에서 전시나 교육을 위해 작품 등을 수집, 보존, 전시기획을 하거나 교육 과정을 개발하고 운영하는 업무를 주로 한다. 문화행사 콘텐츠를 기획하고 운영하는 업무도 한다.

과학관은 지구역사를 기록하여 보여 주거나 첨단과학기술을 대중의 눈높이에 맞는 콘셉트로 다시 구현하는 서비스를 제공한다. =과학관 학예사들은 과학관 안에서 대중들이 과학을 하나의 문화로써 체험하고 이해할 수 있도록 돕는다.

과학관 학예사의 경우 기본적으로 과학을 기초로 하는 전공자들이 많다. 세부 전공은 자연과학부터 공학, 교육학, 수학, 디자인 등 다양하다. 그만큼 처음부터 과학관 학예사를 꿈꿔서 된 사람보다, 다양한 분야에서 전공지식과 역량을 축적한 사람들이 과학관이라는 공간에서 실무 경력을 쌓아 학예사가 되는 경우가 많다.

우리나라에는 총 137여 개의 과학관이 있다. 과학센터의 성격을 갖춘 종합과학관뿐만 아니라 자연사박물관이나 특정 주제에 관한 박물관(예를 들어 해양생물자원관, 하수도과학관 등) 등 과학관마다 중점적으로 다루는 것이 다른 만큼 근무하는 학예사들의 전공도 다양하다.

필요한 자질로는 일에 대한 열정과 집중력, 새로운 콘텐츠 발굴을 위한 창의성, 다양한 관점에서 과학과 사회를 바라볼 수 있는 넓은 안목과 융통성이 꼽힌다. 물론, 대중과 과학자 집단, 그리고 정부 및 다양한 시민단체, 용역업체들과의 원활한 소통을 위한 사회적 공감 능력이 뒷받침되면 더욱 좋다.

기존의 박물관 학예사가 오래된 유물을 보존하고, 복원하고, 전시하는 역할을 주 업무로 하였다면, 최근의 학예사들은 온라인 전시교육 콘텐츠 기획도 하고 있으며, 관람객과의 양방향 소통을 위한 디지털 활용 능력도 새롭게 요구되고 있다. 시대의 변화와 흐름에 맞추어 과학관이 시대의 과학을 함축하여 표현하는 하나의 공간이 되어 작동할 수 있도록, 학예사들의 역할은 계속해서 변화할 것이다.

로봇공학자

　사람이 하기 어려운 일들을 보다 효율적으로 할 수 있도록 개발된 기계들을 통틀어 로봇이라고 할 수 있다. 이미 많은 산업 분야에서 로봇을 이용한 자동화 시스템을 구축하여 생산 효율을 높이고 있으며, 일상생활 속에서도 공항에서 길을 안내하거나, 카페에서 주문과 결제를 대신 수행하거나, 식당에서 서빙을 하는 등, 로봇은 우리들의 산업과 생활 속에 깊숙이 들어와 있다.

　이러한 로봇을 개발하고 연구하는 사람들을 '로봇공학자'라고 하며, 최근 인공지능(AI)과 과학기술의 발전으로 로봇공학은 미래 10대 유망직종에 들 정도로 큰 주목을 받고 있다.

　로봇공학은 어느 한 분야의 학문이 아니라 여러 분야의 사람들이 서로 협동해야만 하는 융합 학문이다. 크게 로봇 자체를 조작하기 위해서는 기계공학, 컴퓨터공학, 전자공학, 통신공학 등이 관여되며, 로봇의 움직임을 제어하는 소프트웨어, 즉, 인공지능 관련 뇌공학, 신경과학 등도 중요한 부분이다. 또한 로봇의 외관을 위한 디자인학이나 로봇을 움직이는 에너지 공학 등 그야말로 다양한 분야의 첨단과학기술의 집합체라고 할 수 있다.

미래에는 로봇들이 인간의 일자리를 대체하여 대량 실업자가 나올 것이라고 걱정하기도 하지만 이러한 우려는 잘못된 인식을 가져올 수 있다. 로봇을 통해 우리들의 근로 환경이 개선되고, 생활 수준도 향상되고 있기 때문이다. 이미 로봇청소기, 로봇 강아지 등이 가정에서도 많이 활용되고 있으며, 화재현장이나 심해, 우주, 방사능 지역 등 사람이 가기 힘들거나 위험한 지역에 사람 대신 투입되는 로봇들도 있다. 2011년 후쿠시마 원전이 폭발하였을 때도 처음으로 조사를 나갔던 것이 바로 무인조종 로봇이었다. 머지않은 미래에는 정말로 영화 속의 안드로이드 로봇처럼 로봇이 상용화되어 '1인 1로봇' 시대가 올지도 모른다.

　　로봇은 과학기술의 발전에 따라 나날이 성장하고 있는 분야이므로 로봇공학자에게는 새로운 기술습득과 끊임없는 자기계발을 위한 노력이 필요하다. 또한 새로운 것에 대한 도전정신과 탐구, 창의성과 문제 해결을 위한 끈기, 논리적 사고, 분석력 그리고 정확한 판단력이 요구된다. 물론, 여러 분야의 전문가들이 협력하는 경우가 많으므로, 명확한 소통 능력과 원만한 대인관계 능력도 중요하다.

의학 물리학자

　물리학적 원리와 기술을 생명 의료 분야에 융합하여 질병의 예방과 진단, 치료를 위해 연구하는 과학자들을 의학 물리학자라고 한다. 최근에는 평균 수명의 증가와 암 발생률의 증가로 방사선을 다루는 의학 물리학 연구개발의 필요성이 증대되고 있으며, 의생명공학, 의공학 등 의학과 융합된 과학기술 분야의 범위가 점차 넓어지고 있다.

　체온을 측정하는 체온계부터 병원에서 환자들의 질병을 찾아내고 치료할 때 사용되는 X-ray, CT, MRI, 초음파 장비 등 현대 의학에 활용되고 있는 검사장비와 치료장비 대부분은 물리학 등 기초과학의 원리를 토대로 개발되었다.

　'의료 영상기기 개발 분야는 노벨상의 보물창고'라는 말이 생겨날 정도로, 현대과학과 기술의 발달에서 의과학의 발전은 필수적이라고 할 수 있다. 특히 1895년, 독일 물리학자 뢴트겐이 엑스선을 발견한 이후로, 질병의 진단과 치료에 방사선 이용이 활발해지면서 의료 부분에 대한 물리학의 응용이 더욱 활발해지고 있다. 또한 인구 노령화와 암 발생률이 계속 증가하는 현대사회에서 첨단 의료 기술 연구개발에 대한 수요는 계속해서 증가하고 있다. 최신 의료 장비의 개발뿐만 아니라 질병을 조기에 진단하고, 치료과정에서 정밀도를 더 높이기 위한 연구개발도 지속해서 필요하다. 따라서 암의 진단과 치료에 많이 활용되는 방사성 동위원소와 방사선 치료 장비들을 전문적으로 다룰 의학 물리학자들의 역할이 중요하다.

국제원자력기구(IAEA)에서는 국제기준에 따라 의학 물리학자들의 정의와 역할을 명시하고 있으며, 국내에서도 대학병원들을 중심으로 의과대학에 의학 물리학전문 과정들을 운영하고 있다. 미국 의학물리학회(AAPM)에 따르면, 의학 물리학 분야에 필요한 전문가는 매년 5~10 % 이상 계속 증가할 추세하고 한다. 어려운 취업난 속에서 진로 비전이 밝은 분야이기도 하다.

우리나라 의학물리학자의 90 %는 방사선 치료 분야에 종사하고 있다. 방사선 치료는 방사선을 종양에만 집중시켜 종양을 제거해야 해서 환자에게 얼마나 정확하고 정밀하게 방사선을 투여하느냐에 따라 치료의 효과가 달라진다. 따라서 방사선량에 따른 환자별 수많은 데이터의 분석처리 능력과 보다 창의적이고 혁신적인 장비 개발을 위한 창의성, 환자 맞춤형 치료방법 고안을 위한 융합적 사고가 중요하다.

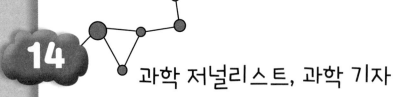

과학 저널리스트, 과학 기자

　아무리 우수한 과학적 연구성과라고 하더라도 연구자 혼자 시작부터 끝까지, 특히 그 성과의 산업화, 상업화 등의 모든 과정을 처리할 수는 없다. 네이처, 사이언스와 같은 전문 과학 저널이나 대중들을 위한 잡지나 뉴스 등에 연구 성과와 그 파급효과 등이 전달되면서 과학은 우리 생활로 들어오게 된다. 이 과정에서 중요한 역할을 담당하는 사람이 과학 기자나 과학 저널리스트이다.

　과학 기자는 과학이 인간의 생활에 녹아들고 활용될 수 있도록 많은 사람들에게 그 성과를 알기 쉽게 요약하여 정리한다. 또한 용어를 일반화시키고, 트렌드에 맞추어 예전에 발표된 연구를 재조명하고, 서로 다른 연구들을 대주제에 맞추어 조합하거나 분류하여 사람들이 원하는 정보를 쉽게 손에 넣을 수 있도록 한다. 과학 기자와의 인터뷰 등을 통해 연구원이 생각하지도 못하였던 방향으로 연구 내용이 확장되는 일도 있다.

　과학 관련 기사를 쓰는 직업을 가지려면 어떤 준비를 해야할까? 우선 과학 관련 기사를 쓰기 위해서는 무엇보다 기본적인 과학 지식을 갖추고 있어야 한다. 박사학위를 받을 만큼 한 분야

에 깊이 있는 지식이 필요하다기보다는, 넓은 분야에 대한 지식
과 그 지식 사이의 상관성을 파악할 수 있는 능력이 요구된다. 또
한 자연과학 계열을 전공하지 않았더라도 과학 관련 기자를 할 수
있다. 문학을 전공하였더라도 과학 관련 내용에 흥미를 느껴 본
격적으로 과학 전문 기자로 진로를 바꾼 예도 있다. 즉, 학력이나
대학교 전공 등이 과학 기자가 되는 길에 충분조건이 되는 것은
아니다.

과학 지식만큼이나 중요한 것은 과학적이고 합리적인 사고로
냉철하고 정확하게 사안을 파악할 수 있어야 한다는 것이다. 최
근 SNS 등에서 가짜 과학 뉴스나 정보들도 심심찮게 찾아볼 수 있
다. 과학 기자라면 전공 여부를 떠나서 과학적인 접근에서 검증
된 것들이라고 주장하는 이야기들에 쉽게 동화되기보다는, 그 주
장의 논리적 허점을 찾아낼 수 있는 냉철함과 분석력, 통찰력을
지녀야 한다.

마지막으로 사안을 검증하기 위한 행동력을 갖추고 있어야 한
다. 과학 기자라고 책상에서 연구논문을 읽으며 기사를 쓰는 것
이 아니라, 경우에 따라서는 전염병이 창궐하는 곳으로, 혹한 혹
서의 연구 현장으로 출동할 준비와 용기도 필요하기 때문이다.

과학 다큐멘터리 제작자

과학자들이 연구하고 결과를 내면 과학 저널리스트와 기자들이 그 연구 실적과 의미를 글로써 전달한다. 그리고 그 글을 연구 기관 관계자들, 해당 연구에 관심 있는 다른 과학자들 그리고 과학에 관심 있는 독자들이 읽어 본다. 반면 과학 다큐멘터리 제작자는 글이 아닌 영상을 통해 과학자들의 연구 실적을 생생하게 보여 주거나 과학적 현상이 담긴 현장의 모습을 고스란히 시청자들에게 전달해 준다.

미래의 과학 다큐멘터리는 일방적으로 과학 지식을 전달하지 않고 실시간으로 시청자들과 서로 소통하면서 간접적인 체험을 경험할 수 있게 도와줄 것이다. 이미 넷플릭스의 '당신과 자연의 대결'이라는 과학 다큐멘터리에서는 시청자가 영상을 보기만 하는 것이 아니라 시청중에 선택지를 주어 시청자의 선택이 어떤 결과를 가져오는지 간접적으로 체험할 수 있게 해준다.

과학 다큐멘터리를 기획할 때 프로듀서(PD)는 다큐멘터리의 주제를 정하고 주제가 정해지면 작가는 그 주제에 맞는 시나리오를 작성한다. 이때 관련된 전문가들의 자문을 받기도 하고 연구

자료를 검토하기도 하지만 단순히 정보 전달만 하는 것이 아니라 제작진의 인문학적 통찰도 섞어 넣는다. 때론 철학적이기도 하고 때론 문학적일 때도 있다. 또 다큐멘터리 촬영에 출연하거나 협조를 해줄 기관을 섭외하는 것과 해설 원고 작성 그리고 편집 구성안도 만든다.

KBS 자연과학 다큐멘터리 '23.5'의 경우 약 3년간 무거운 카메라들과 숙박 장비, 식량을 운반하면서 지구 곳곳을 누볐다고 한다. 피사체인 동물이나 식물이 원하는 모습을 취할 때까지 인위적으로 바꾸지 않고 하염없이 기다렸고, 남극에서 펭귄이 멀리 떨어진 음식을 먹으러 가는 장면을 찍을 때면 펭귄이 배가 고파질 때까지 기다려야 하였다. 펭귄을 찍다가 캠프에서 멀어지면 무전기가 끊겨서 헤매기도 하였고, 혹등고래를 찾기 위해 일주일간 적도 위의 바다를 돌아다녔다고도 한다. 혹시 수중 촬영 때 상어가 나타나지는 않을까? 해류에 휘말려 가지는 않을까? 촬영 때마다 두려움을 느꼈다고 한다.

이렇듯 과학 다큐멘터리 제작자는 엄청난 체력과 강인한 정신력이 필요하며, 때론 위험을 무릅쓰는 용기와 행동력도 필요하다.

과학 다큐멘터리 제작자는 우리가 TV에서 볼 수 없었던 대자연을 직접 몸소 그대로 맞이하면서 우리가 그 험난하고 압도적인 자연에 맞서지 않고서도 집에서 만끽할 수 있도록 헌신하는 직업이다.

사물인터넷 전문가

침대를 새로 샀다. 비스듬히 기대어 TV를 보다가 어느새 잠이 들면 알아서 내가 편안하게 누워 잠을 자는 자세가 되도록 형태를 바꾼다. 침대와 연결된 방의 전등과 TV가 꺼지고, 온도와 습도는 취침하기 편안한 상태로 조절된다.

주변에서 볼 수 있는 이야기라고 생각되는가? 당연하다. 이미 현실에서도 일부 구현된 사물인터넷, IoT(Internet of Things)에 대한 이야기이다. 사실 앞에서 설명한 정도의 '심하게 똑똑한' 침대는 시판되고 있지는 않지만, 일부 기술들은 스마트 워치, 스마트 체어, 스마트 카, 스마트 홈 등 수많은 '스마트'한 사물들에서 이미 구현되고 있다. 게다가 이러한 사물들이 접수한 데이터들은 그대로 우리의 스마트폰이나 디지털 기기들로 전송되어서 분석되고, 다시 재전송되어서 나의 생활 습관과 어울리도록 진화를 한다. 사물 간의 네트워킹이 가능하다는 것은 이제 더는 '공상 과학'의 영역이 아니다.

사물인터넷 시장은 매년 폭발적으로 성장하고 있으며, 안전과 보안, 유통 분야가 가장 큰 시장 점유율을 가지며, 에너지, 통신,

쇼핑, 설비 그리고 의료 분야도 시장에서 두각을 보이고 있다.

하지만 사물인터넷은 개인정보 침해나 해킹과 같은 사이버 관련 범죄에 핵심적이고도 치명적인 매개체가 될 수 있다. 생활에 밀접하게 관계되어 있어서 기존의 범죄에 비해 개인에게 끼치는 영향이 훨씬 크고, 범죄의 도구로써 활용될 가능성도 있다.

첨단기술의 발전과 실생활과의 연결은 우리에게 편익을 제공하지만, 제대로 활용하지 못한다면 예상하지 못한 공포를 줄 수도 있다. 따라서 체계적인 방향 설정, 기술 접목, 피드백, 법적 보호설정 등 전문가의 역할이 점점 더 중요해질 것이다.

사물인터넷 전문가가 되기 위해서는 사물인터넷 분야를 어떻게 보느냐에 따라 답이 달라질 것이다. 단순히 정보통신 기술 분야라고 생각한다면, 컴퓨터나 소프트웨어 등을 전문적으로 공부하고 관련 회사를 목표로 준비하면 된다. 하지만 미래의 직업들이 대부분 비슷하지만, 하나의 대학 전공배경이 필요충분조건인 경우는 없다. 사물인터넷은 그야말로 총천연색이다. 디지털기술에 대한 기본적인 지식은 당연하고, 데이터 전문가, 안전한 IoT를 위한 보안전문가 그리고 접목하고자 하는 분야에 대한 전문가가 되어야만 어떠한 부분을 중점으로 기술을 발전시킬 것인지 방향을 잡을 수 있을 것이다.

디지털 포렌식 전문가

최근 미디어에서 접할 수 있는 속세를 떠나 자신만의 방식대로 자유로이 살고 있는 소위 '자연인'이라고 말하는 이들조차도 휴대전화를 사용한다. 어떤 방식의 삶을 살더라도 디지털과 분리된 현대의 삶은 이미 실현 불가능한 것이라고 해도 과언이 아니다.

포렌식(Forensics)이란 범죄과학, 법과학이라고 번역되는 범죄를 밝혀내기 위한 증거를 수집하기 위해 수사에 쓰이는 과학적 수단이나 방법, 기술 등을 아우르는 개념이다. 디지털 포렌식은 디지털기술을 활용해 범죄 사실을 밝힐 수 있는 디지털 증거를 수집하고 분석 및 법에 적용하는 일련의 절차를 의미한다.

최근엔 정보통신기술의 발달과 함께 PC의 보급, 휴대전화, 스마트기기 등 모든 범죄 수사에서 디지털 포렌식 기술이 빠질 수 없게 되었다. 현재는 경찰청과 대검찰청과 같은 수사기관에 정식으로 디지털 포렌식팀이 구성되어 국가 경영에 큰 영향을 끼치는 사건들에서 활약하고 있다.

디지털 시대의 변화에 따라 디지털 포렌식도 그 활용 범위가 넓어졌다. 최근 모바일 디지털 기기가 다양화되고 일반화되면서

불법 파일 등이 퍼지고, 저작권에 대한 무차별적인 침해에 따라 이러한 분야에 디지털 포렌식 기술에 대한 수요가 늘고 있다. 정부에서도 기존 수사기관에서 디지털 범죄 증거를 수집·분석하는 것을 넘어 이제는 공정거래위원회, 국세청, 고용노동부, 환경부, 금융감독원 등 범정부 영역에서 디지털 포렌식이 일반화되며 기업 감사, 코로나19와 같은 질병의 역학조사, 신용카드 개인정보 대량 유출 정황 파악 등으로 쓰임새가 늘어나고 있다.

그렇다면 디지털 포렌식 전문가가 되는 데 필요한 것들은 무엇일까? 바로 컴퓨터나 디지털기술에 대한 전문적 지식이다. 물론, 다른 미래 직업들과 마찬가지로 단순히 대학에서 컴퓨터공학과를 전공하였다고 해서 충분한 것은 아니다. 4차 산업혁명 시대는 융합의 시대이다. 다학제적 다양한 배경이 디지털 포렌식 전문가로 발전될 수 있다. 무엇보다 믿을 수 없는 것들 속에서 믿을 수 있는 것을 찾는 것이 어려운 일이지만, 이 정보가 법적인 증거 능력이 있고 한 사람의 인생을 좌지우지할 수 있을 만한 파급력을 가지므로 전문성과 신중함 그리고 윤리의식과 사명감을 요구하는 분야이다.

18 환경공학자

　2020년 여름, 우리나라의 등산로와 나무, 공원 시설 가릴 것 없이 흰색 매미나방들이 덕지덕지 붙어있는 이상한 현상이 발생했다. 또 뒤이어 서울특별시 은평구에는 엄청난 대벌레 떼들이 발생하는 현상이 나타났다. 이렇게 벌레들이 올여름에 유난히도 많이 나타나게 된 이유는 너무나도 간단했다. 바로 지난겨울이 너무 따뜻했기 때문이다. 추운 겨울 폐사했어야 할 벌레들의 유충이 따뜻한 겨울 날씨에 살아남아 전국 곳곳에 떼거지로 발생하게 된 것이다.

　해가 지나갈수록 높아지는 지구의 온도에 우리나라뿐만 아니라 다른 나라들도 이상 기후를 겪고 있다고 한다. 지구 온난화의 가장 큰 원인으로는 화석연료의 사용으로 인한 온실가스의 발생이다. 화석연료는 1차·2차 산업혁명 때부터 사용해온 에너지원이지만, 자원이 한정되어 있어서 고갈의 위험도 있고, 대기 오염과 지구 온난화 등의 다양한 환경오염을 유발하는 문제가 있다. 앞으로의 미래에 우리는 어떤 에너지를 사용해야 하고, 어떤 환경오염에 대처해야 할까?

환경오염에는 앞서 말한 대기오염이나 지구온난화뿐만 아니라 수질오염, 토양오염, 소음진동오염, 폐기물처리 등 다양한 종류가 있다.

환경공학자는 이러한 환경문제들을 연구하고 분석하여 환경오염에 대한 대책과 통제 방법, 개선책 등을 마련한다. 또한 화석연료를 대체할 신재생 에너지에 대해 연구하고 플라스틱을 대체할 신소재를 개발하는 역할도 수행한다.

다가오는 미래에는 정말로 미세먼지 때문에 마스크가 아닌 방독면을 쓰고 다닐 수도 있고, 대기·수질·토양의 오염으로 깨끗한 공기·물·흙을 비싼 값에 사고파는 일이 생길지도 모른다.

환경공학자는 환경오염의 원인을 찾아 창의적으로 해결할 수 있는 분석력과 통계적인 수치를 바탕으로 환경오염의 정도를 빠르게 분석하는 신속·정확함이 필요하다.

무엇보다도 환경문제를 해결하여 자연과 사회를 보존한다는 소명감을 갖는 것이 제일 중요하다.

내 미래의 직업은?

1판 1쇄 펴냄 | 2020년 8월 6일
1판 8쇄 펴냄 | 2022년 9월 5일

지은이 | 유정숙·이민환·이승훈·이지현·이호·정지선
발행인 | 김병준
편 집 | 김경찬
마케팅 | 정현우
삽 화 | 신이나
디자인 | 김은영·이순연
발행처 | 상상아카데미

등록 | 2010. 3. 11. 제313-2010-77호
주소 | 경기도 파주시 회동길 37-42 파주출판도시
전화 | 031-955-1337(편집), 031-955-1321(영업)
팩스 | 031-955-1322
전자우편 | main@sangsangaca.com
홈페이지 | http://sangsangaca.com

ISBN 979-11-85402-32-1 43190

이 도서의 국립중앙도서관 출판시도서목록(CIP)은
서지정보유통지원시스템 홈페이지(http://seoji.nl.go.kr)와
국가자료공동목록시스템(http://www.nl.go.kr/kolisnet)에서
이용하실 수 있습니다.(CIP제어번호: CIP2020030776)